大是文

過好任何一種生活

被社會和年齡雕琢後，
依然沒有丟掉本來的野性。

600萬粉絲、最多網友深夜求解的自媒體平臺
慈懷讀書會——主編

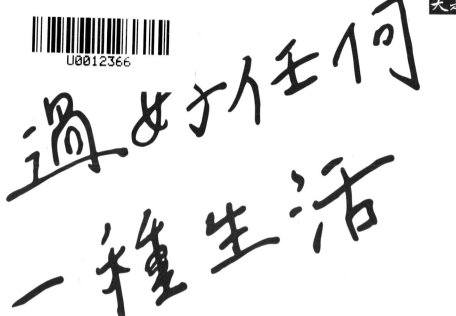

CONTENTS

第三章

一個成年人最該修練的是格局——145

心裡有遠方的人，才能到達遠方；
當你的格局大起來，世界就會遼闊起來。

第四章

我們都想變成無憂無慮的孩子，最終卻活成了患得患失的大人——199

童心不是一種年齡，而是一種能力，
一種對生活保持熱情的能力。

第五章

人生很短，把時間留給在乎你的人——257

那些轉身離你遠去的人，你不必追；
虛情假意待你的人，你也不必為他傷懷。

第六章　成功的定義本身就是個假議題

這世上只有一種成功，
就是用自己喜歡的方式過一生。

推薦序一
命運從來沒有獨厚誰，每個人都在負重前行

心靈作家／柚子甜

我特別喜歡《過好任何一種生活》的書名，尤其年過三十之後，深知過好生活與其說是夢想，不如說是修行，更遑論要過好任何一種生活。

年輕時的我曾經以為，一定有某些方法可以過上最好的人生，如果沒有，那表示我還沒找到。於是學生時期拚學歷、拚證照；畢業以後，搶破頭進大公司，並且想盡各種辦法往上爬。在職場倦怠期，又為了真正想做的事而離職。做了想做的事以後，誠然快樂的時間比以前多，但同時也在瞬息萬變的網路市場中，日日看觸及率的臉色。

很晚才發覺，原來自己已經在短短的前半生裡，嘗試過好幾種不同的生活，卻

沒有真正過好任何一種生活，於是更加茫然。

這本書集結了四十篇不同作者的文章，幾乎可說是四十種不同的人生。眾所周知，中國的生存背景相當高壓，人人都踩著別人往上爬，能夠在這種條件下，勉力擠出一絲餘力過好生活，稱得上是一種本事。

但看完這本書之後，你會恍然大悟，其實**過好任何一種生活，並不需要「方法」，而是「姿態」**。

我們所承受的壓力，在他人身上也是一樣的，**命運並沒有獨厚誰的脊梁。但是有些人扛著這些沉重的草堆，依舊能踏出生活的舞步**。特別喜歡〈好好生活的四種方式〉，作者揀出了四件最平凡的事：吃飯、旅行、讀書、和自己獨處，演繹了過好生活的姿態。

「是吃垃圾食品，還是好好吃頓飯；是與人聊八卦，還是開啟旅行計畫；是追劇，還是讀書……每天把時間留給工作、家庭、孩子，卻忘了留出時間與自己好好獨處。」

過去被生活壓垮的時候，我常以「犒賞」之名選擇前者，用重甜、重鹹的加工食品抹去煩悶，以言不及義的絮叨掩埋寂寞，允許刺激的影音餵食我的心靈空缺，也忘記花時間傾聽自己的聲音。

當我用這樣的姿態面對生活，日子便一日日的淺薄起來，最後變成商人希望我成為的形狀——永遠不滿足與高漲的情緒，隨時等著掏出錢消除我的壓力。

然而，當我們願意用另一種姿態，**捧著生活好好過**。即使內心疲倦，依然留一點餘裕為自己做飯；即使逃避，也願意勻出時間走上旅途；願意閱讀書籍、充實自己，因為有能力思考的我們，才感覺自己活著。

那這樣的姿態，才足以讓我們**在生命無常的翻滾下，依然能有一種可能——過好任何一種生活**。

推薦序二

人生，是一次次不完美的練習

「閱讀人」社群主編／鄭俊德

我認識一位朋友，她說自己並不喜歡現在的工作，但又不能失去這份工作。

我問：「為什麼？」

她說：「因為我不知道能否再找到工作，但至少現在的工作能讓我溫飽。」

你是否也有過這樣的無奈？想轉換跑道，卻毫無頭緒，也不確定自己是否能再找到下一份工作。然後，被這樣的心緒困住好幾年，甚至做著不想做的工作，過完大半輩子。

當然，除了工作上的煩惱，另外一種則是人際關係的難題，尤其是越親近的人，傷害也就越多。

《過好任何一種生活》則**近距離討論了我們生活中的迷惘與困難，並以打破禁錮的觀念，幫助我們面對工作、人際、家庭、自己，都能游刃有餘。**例如：

- **〈真正的強者，敢於獨來獨往〉**：一個人能接受獨處，好好刻苦、熬得住寂寞就能練出專業，強大的堅持就能成為深厚的底蘊。
- **〈說話的分寸，就是做人的尺寸〉**：真誠雖是美德，但若沒有設身處地、時時為他人著想，直言就容易造成傷害。一個人能懂得何時該說、何時不該說，將為自己帶來他人的尊重。
- **〈所有的逆襲，都是有備而來〉**：我們羨慕別人的年輕有為，嫉妒同期的飛黃騰達，但其實他們在翻轉人生、成就大業前，可是堅持了無數個夜晚、一次次的練習，才能積極掌握眼前各種機會。
- **〈兩個五十分的人共同修練，把日子過成一百分〉**：當我們年紀漸長時，最合適的伴侶往往是可以一起過生活，而不是一起去漂泊的。

如果你在閱讀的過程中，不斷的點頭，或是心有所感，那麼這本書就值得你好好細讀。我們常說：「良書如良友。」願這本書能陪你過好任何一種生活。

前言

在閱讀中找到自己，這是最好的方式

一切彷彿還是三年前，我剛滿三十歲、剛從生活了十多年的北京，搬家到上海、剛到慈懷讀書會工作。

那時，還沒有結婚生子的我，帶著少女的天真與高傲，以及對這個世界理想主義的崇拜，曾想過去做很多美好的書；並以慈懷讀書會為媒介，召集許多作者分享讀書和寫作心得，引領讀者朋友們交流討論。

本以為這個簡單的願望會中斷，未料竟能堅持至今。比如，我所主持的女性成長讀書會，除了定期在書店舉行以外，每期還會邀請一位作者或由我，跟大家分享一本書或閱讀的感受。比如，我邀請了許多作者針對特定主題創作，出版了許多合輯。比如，我採訪了眾多作者、學者，遇見了各式有趣的人，寫過各式精采的人生。這讓我更敬畏生活、敬畏文字、敬畏活著這件事。如此分享、記錄、出版，因為堅持，而有了格外不同的意義。

這一次，我又聚集了我特別喜歡的作者們，合力出版一本書。他們問我主題是什麼，我說，寫出自己最想要的生活方式、理想生活的模樣——不要局限，不必設限，不慌不忙，人生可以慢慢來。又或者，也可以看看別人的世界，寫下一種期待，哪怕是妄想。

或許是因為這個主題激發了其中一些作者，我清楚記得我的好朋友絨絨說：「妄想，我喜歡。如果只是寫夢想、理想的生活，可能會讓人覺得那很烏托邦，可以不用實現。但我覺得我可以在寫出來的過程中，加深對自己的理解，以及對自己想要的生活的期待；只有寫下來，我才能了解內心熱切的渴望。」

慈懷讀書會的讀者大多比較成熟，且以女性朋友居多。三年前，我自認自己很了解她們在想什麼，甚至還可以在黑板前畫出她們的人物畫像（按：利用大數據分析，畫出目標族群的立體模樣，亦稱用戶畫像）。此刻，我也成為其中一員，擁有與她們同樣的生活和困境，卻不敢貿然的說自己理解任何人或人群。

儘管每次有女性朋友問我各種感情問題，我都是使出渾身解數來幫助她們，並期待能有好結果。可是，這已經和從前未婚、未育的自己，總能輕易侃侃而談、給出許多建議不同了。我深知，人類的悲歡並不相同，我只能以善意來溫暖每個信任我且向我求助的人。

人一定會隨著經歷、時間而變得沉甸甸的，我並不排斥這種感覺，即使它有些厚重、即使背負的責任越來越大，但，這正是我們活著的意義。

如果我比從前更沉默，或我給出的建議比之前更溫和，不是我中庸，而是我更願意深入思考——**所有的我們都可以再給自己一段時間、一個機會、一個視角，來重新看待困境。**

我們可以為未曾得到的東西而沮喪，為已然逝去的事物而懊悔。但，即使在殘酷現實的面前，也別認為「世事一無可取，也一無可為」。

「一個人，總該用自己僅有的能量，讓世界變得美好一點。」這是中國當代文學家汪曾祺非常著名的一句話。他曾有段時間，因生活之苦和委屈，對現實不滿，又找不到出路，恰好又讀了一些西方現代文學作品，於是，以玩世不恭的態度，寫了一些較為悲觀的文字，來冷嘲人生與經歷。他的老師沈從文立刻寫信給他：千萬不要冷嘲。在任何逆境面前，不能喪失對生活的愛。**對人和事物，要保持一種「溫愛」——充滿溫情，以及同理心**。

後來，沈從文被下放到咸寧幹校[1]時，依然寫信給中國畫家黃永玉說：「這裡的荷花真好。」八十歲時，沈從文每天還要工作十幾個小時，寫完了《中國古代服飾研究》這樣的巨作。其實，他靠的就是內心不斷燃起的一點微光，以及願意在困頓的生活裡頓悟的信念。

感念於這個故事所傳達的溫和、慈愛，這一次，我又把最喜歡的作家朋友們聚集起來，期待他們能用自己的理解，講述他們的理想生活方式。

這些作家，年齡不同、身分各異，但我一直欣賞他們的執著——沉浸在文字和思考的世界裡。他們筆下的理想生活，有回歸自然的田園生活，也有北上拚搏、不向命運屈服的逆流。

選擇本就無對錯之分，但嚮往總帶著感性的天真，讓人著迷。

我是多麼期待有一天，自己能繼續以不同的話題、主題，再次把不同的作家聚集起來，和朋友們一起暢聊人生，療癒生命。

人的生命都是有能量的。物理學裡有個奇點[2]定理，也就是每個物體，在沒有尋找到自己爆發的規律前，它是安靜的、沉穩的，甚至會是低落的。而一旦找到自己的奇點，它就會爆發。人也是如此，一生都在尋找奇點，但奇點是什麼？

我想，應該是認識自己、應該是被社會和年齡雕琢成美玉後，依然沒有丟掉生命本來的野性、血性，沒有喪失與生俱來的純真率性。

願我們**在閱讀中找到自己，這是最好的方式**。

更願我們都能成為不一樣的煙火。

---

1 咸寧為湖北省地級市；幹校指的是中國文化大革命期間，知識分子被下放到農村，在工廠和農村參加勞動的場所。

2 singularity，科學家認為，奇點是宇宙大爆炸的起始點。

第一章

過好任何一種生活

在生活的低點，扛住；在人生的得意處，收著。

如此，無論你到哪裡，你都會擁有過好任何一種生活的能力。

1. 人生不會只有一條路可走

人生該選擇穩定生活，還是追求夢想？
這個答案，其實你早就知道。

——瑜蔚

最近，公司新進了一批實習生，個個是名校高材生，單看簡歷就光芒耀眼。我們部門來的這個小妹眉眼彎彎、聰明乖巧、做事俐落，見誰都是笑嘻嘻的。果然，沒兩天，部門裡所有的人都認識了她，並且對她的印象很不錯。

可是不知道為什麼，我總覺得她不快樂。

一天中午，我看她又在茶水間發呆，眼睛紅紅的，好像剛哭過的樣子。

於是，我走上前拍拍她的肩膀，跟她聊了起來。原來，她曾是高考（按：類似臺灣早期的大學聯考）重讀生，重讀了兩年，才考上理想的大學；考研究所時，選擇了三年的學術碩士。如今，作為應屆生，又到了令人稱羨的國營企業，看似一路順遂。

可是，她從小就想出國念書，讀到博士，回國當老師。在研究生階段時，她就一直在為考試、論文發表做準備。但命運似乎格外青睞她：她唯一投的一份求職簡歷就是我們公司，然後，她過五關斬六將，最後被錄取了。

她在工作和出國繼續深造之間搖擺不定，徵求父母的意見，父母卻語重心長的說：「妳都二十七歲了，該結婚生子了，有鐵飯碗不去，還出什麼國？等妳讀完博士回來，還不一定能進這間公司呢！」

這些話聽起來很有道理。

「老師，我知道這份工作得來不易，但我又真的很想出國念書，我到底應該怎麼辦呢？」

看著她有些無助的樣子，我突然想到了過去的自己。

和這位小妹一樣，我以前也有一個出國留學夢，倒不是說想鑽研學術，而是覺得應該出去看一看。我的專業是新聞學，看似特別專業，其實就是博而不精，而且很難與國際相通。所以，從入校第一天開始，我就格外努力。每天早起背單字、拚學分績點[3]、找實習，就為了爭取那為數不多的國外文科類獎學金名額。周圍所有人都覺得問題應該不大，我自己也是如此認為。

然而，因為金融危機，國外留學獎學金大幅縮水，首當其衝的便是文科類。那個時候，我一共申請了五所院校，每所院校都錄取了我，但毫無意外，都沒給獎學金，一分錢也沒有。

以我當時的家庭經濟狀況，儘管父母沒有明說，但我能看出來，他們沒有辦法承擔女兒自費出國的費用。眼看留學夢就要破碎了，說不難過是假的，特別是當我看到有的同學已經找到工作了，而我自己卻毫無著落，就越發焦慮。

這種焦慮讓我茶不思、飯不想，只要聽到「出國」這兩個字，我就會哭。這樣的狀態大約持續了兩個星期，父母很自責，老師和同學也都替我擔心。

3 綜合評價學生考試成績的指標，廣泛用於世界各個大學。

直到某天，我一個人在學校操場上散步，陽光灑在我臉上，很溫暖，那是北京初春的味道。

那一剎那，我突然想通了：**人生又不是只有一條路可以走，儘管那條路是你的首選，既然走不通，換個跑道就好了！**

美國心理學家亞伯拉罕．馬斯洛（Abraham Maslow）曾說：「心態若改變，態度跟著改變；態度若改變，習慣跟著改變；習慣若改變，性格跟著改變；性格若改變，人生就跟著改變。」

物隨心轉，境由心造。深以為然。

人生該選擇穩定生活，還是追求夢想？

調整完心態後，我收起了自怨自艾，加入了求職大軍。很幸運，因為一直沒有放棄實習，而且趕上了第二輪校園徵才，我的求職之路不算太坎坷。

經過一輪筆試和三輪面試，我順利被某主流媒體錄取。雖然這份工作沒辦法媲美國營企業，但勝在離家近、工作不太累，福利待遇也不錯。

十幾年前，傳統媒體還處於高速發展期，特別是到外地出差，工作人員一個一個「老師」叫著，讓初出校門的我有點飄飄然。

和各條線很快混熟之後，我便像周圍大部分的同事一樣，開始找新聞、等通知、拿新聞稿，和同行串選題。如此分工合作，在工作上，可說是遊刃有餘。

每天下班之後，追劇、約吃飯，和當時的男朋友（現在的老公）約會逛街，日子過得很幸福。不知不覺，三年過去了，我從一個有理想的新聞系學生變成了職場老油條。

有一天，大學時期的班主任來我所在的城市出差，我倆約了吃飯。其間，我能感覺到她數次欲言又止。

在臨別的地鐵站裡，她說：「我很喜歡大學時候的妳，每天朝著夢想奮鬥。」老師短短的一句話突然敲醒了我：夢想？很久沒有人跟我談夢想了！當天晚上回去，我就坐在書桌前，梳理這三年自己究竟做了些什麼。

結果，我無法確定，這些日子以來，我究竟做了些什麼，沒有職業規畫、沒有代表作，甚至沒有積累出一些屬於自己的核心資源。

不對啊，我不應該是這樣！

中國互聯網公司３６０集團創辦人周鴻禕（禕音同衣）曾經說過：「**你混日子，就是日子混你，最後的輸家只能是你自己。**」

從那以後，我開始正視自己的工作，每天找選題、積累素材，認真琢磨主編改的稿子，對比其他媒體對同一事件的解讀，緊跟各行業新政，忙得不亦樂乎。

對於我的轉變，大家都覺得莫名其妙，因為那時候，每篇稿子無論寫得怎樣，薪酬都是一樣的。只有我自己知道，我之所以要好好工作，不為別的，就為自己。

就這樣，忙忙碌碌又過了四年，我做到業務幹部，大小新聞獎也拿了不少。彼時，新媒體已經慢慢起來了，周圍也有一些優秀的同事陸續跳槽，危機感悄然襲來。我明白，傳統媒體已是夕陽產業，儘管餓不死，但發展空間和前景著實有限，是時候跳出去了。

如何改變呢？當我思考這個問題時，出現在我腦海裡的第一個念頭居然是出國留學。我自己也被自己嚇到了。那時候，我已經懷孕，生活很安定，這個想法怎麼看都不合時宜。但人就是這樣，一旦心中夢想的火苗被燃起，就很難再熄滅了，更何況這是我從小的夢想，說什麼我也不能再放棄。慶幸的是，我把自己的想法告訴老公和父母之後，他們都出乎意料的支持我。

於是，奔三又懷孕的我，重新拾起了英語，開始準備考試：每天早上六點起床，限時做四篇閱讀題，分析並改錯；上班通勤途中，專心練聽力，一段話來回聽，直到能脫口而出為止；下班回家寫英語作文，兩天一篇，寫了整整三大本；瑣碎時間就對著鏡子練口語，把自己說的話錄下來再聽一次、再糾正。其間，我還完成了各項產檢，在懷孕八個月時，我順利拿到了心儀的英語分數，並寄送獎學金申請資料。

然後，我就生孩子去了。生完孩子第二天，我接到通知，說我過了獎學金初選，定於一個月後去外交部領事館複試。於是，我整個月子是在照顧孩子和準備複試當中度過的。

嬰兒睡眠不好，我沒有太多時間看書，只能把書放在枕邊。寶寶一睡，我就掙扎起來看個幾題。就這樣拼拼湊湊，我竟然也準備了近三十個複試考題。

出月子的第一天，我就去面試了。整個過程輕鬆愉快。面試結束後與人閒聊，當他們知道我整個備考過程的時候，都特別驚訝，連連稱讚。那時我就知道，晚了七年的獎學金該來了。念念不忘，必有迴響[4]。果不其然，面試後第二天，我就接到了獎學金通知，不僅獲得了全獎（按：包括生活費、學費等所有的費用），還包括家屬探親的費用。

人生的步調，由自己決定

接到獎學金通知後，我迅速辦理了辭職。

公司同事覺得我瘋了，大齡帶孩子出國，還辭掉鐵飯碗，回來究竟能怎麼樣呢？很奇怪，面對這些質疑，我絲毫沒有動搖過，因為我知道，沒有永遠穩定的工作，只有提高自身實力，才能給自己足夠的安全感。

就這樣，我在孩子九個月大的時候，帶著他和我媽媽，登上了留學的飛機。帶孩子讀書是一件很辛苦的事情，特別考驗時間管理能力。有課的時候，白天我去上課，我媽在家看孩子；回家途中，我買菜和各種日用品；到家了，我接著照顧孩子，順帶收拾房間，然後我媽煮飯。

把孩子哄睡後，我再開始複習、預習一天的功課，按照老師給的閱讀書目一篇一篇的讀。

一年多的時間裡，基本上，我沒有在半夜十二點以前入睡過。

沒課的時候，我就帶著孩子在倫敦城裡漫步，讓我媽充分休息，也讓孩子見見世面。

就這樣，在家人的大力協助下，我順利讀完了碩士，並拿到了優秀畢業[5]（**Pass with distinction**）的好成績。同時，我還在英國找到了一份實習，雖然錢不多，但好歹有了海外工作經驗。

回國後，憑藉此前的積累，我很順利的進入了目前的公司，工作內容足夠有挑

---

4 出自弘一法師李叔同的《晚晴集》，意即只要保持自己的信念，必定會有收穫。

5 碩士成績的最高等級；其次是：pass with Merit（成績良好）、pass（成績過碩士及格線）。

戰，我很喜歡，當然，薪水也令我滿意。但如果你問，這是不是我嚮往的生活，我只能說，目前是，但未來是不是，我沒有辦法給出答案。

因為對我而言，時代瞬息萬變，誰也不知道下一秒將會發生什麼，當然無從知道未來的生活是什麼模樣。

唯一能做的就是自己掌握生活步調，堅定的走下去。

話題回到開頭那位小妹。

其實，無論她是出國，還是留在目前的公司，都沒有所謂的好和壞。關鍵是，她自己想要什麼，以及今後將用什麼樣的態度去生活。

人生處處是選擇題，但其實答案只有自己清楚。

所以，遵從內心就好了，哪怕看上去不是目前的最佳選擇，但只要認真努力過好每一個當下，該來的總會來。

“人生沒有好壞之分，
遵從你的內心，選擇想要的生活。”

2. 雖然辛苦，但我還是要過滾燙的人生

人生可以分為三種：第一種是溫水的人生，第二種是沸水的人生，第三種是滾燙的人生。

——蓑依

某年，我辭掉了商學院內容負責人的工作，開始了自己的創業。身邊的好友知道這個消息後，感嘆一句：「何苦呢？」

是啊，何苦呢？在商學院工作，每天面對的是企業創始人，不乏一些知名企業家，我不但可以從他們身上學到很多做事、做人的經驗，而且收入不菲，可謂名利雙收。但是到了一定的階段，就會懂得：**名利這種東西是最低層次的心理滿足，總有些人想往高處攀爬**。

我非常喜歡日本導演北野武的一句話，他說：「雖然辛苦，但我還是要過滾燙

的人生啊！」每當我做選擇的時候，便會想起這句話。能否讓我過上更加滾燙的人生，是我做選擇時唯一的標準。

我經常說，人生可以分為三種：第一種是溫水的人生，就是人群中的大多數，所謂的「溫水煮青蛙」不外乎此；第二種是沸水的人生，朝著一個目標奮力去拚，感受過酣暢淋漓、感受過義無反顧，但是有一個峰值，就好像燒開的水一樣，到了攝氏一百度，就停止了；第三種是滾燙的人生，持續沸騰、持續冒泡，而且水花四濺，每一個想要靠近的人都會感受到高溫的灼熱感；它的每一次沸騰都是一次峰值。就在一次次的峰值挑戰中，過完自己的一生。

我不要過溫水的一生，也不要過沸水的一生，我想要過滾燙的生活。

研究生畢業時，我出版了第三本書，那本書一上市，就成了暢銷書，出版社還印製了精裝本。那個時候，微信公眾號等新媒體正在興起，我原本可以憑著寫了數十篇十萬點閱數的文章去經營公眾號，然後以接廣告為生。

但是，有一天，當我這樣做的時候，我就問了自己一個問題：我這輩子就想每天一直寫嗎？我才二十六歲，我的人生願望只有成為作家這條選項嗎？然後我拿了一枝筆，在紙上寫下了我所有的願望，排在第二位的是電視相關行業。

那些毒雞湯不告訴你的事

我最想做的其實是主持人。我從小就非常喜歡看綜藝節目，對綜藝節目的主持人可是如數家珍。那個時候，家裡沒有電視，於是我就跑到別人家過年，只為了看春晚；後來，家裡有了電腦，整個高中暑假我基本上全都給了主持人們，一遍遍的搜索王小丫、魯豫、楊瀾、董卿[6]的名字，把她們的節目從百度搜索的第一頁看到最後一頁；高三最撐不下去的時候，我把她們的照片列印出來，夾在課本裡面，堅持不下去的時候，就看一眼。

這種狂熱在高考成績公布後就結束了——我被分發到中文系，於是我就按照中文系的標準來要求自己，立志成為一名「作家」，只是當作家這個目標實現的時候，我突然意識到自己還有一個夢想，那就是當主持人。

但，二十六歲的我非常清楚，做主持人幾乎是不可能的了。可是我還是想要在

「不可能」之中，尋找那點可能，於是在研究生畢業典禮結束之後，我到中央電視臺（以下簡稱央視）一套講座節目《開講啦》應聘。當主持人不可能，做幕後工作應該還是有機會的。我憑著一股初生之犢不畏虎的精神，硬是說服了製片人，讓我這個新手從編導（按：指電視節目中，負責構思和策劃、前期拍攝、後期製作等工作的人）開始做起，雖然薪水繳完房租後，幾乎所剩無幾。但是沒關係，只要給我一個機會就可以。

就像所有俗套的勵志故事一樣，**除了付出百分之百的努力之外，沒有其他方法，只能一點點的去學**。沒有白天和黑夜之分、沒有工作日和週末之分、沒有快樂和痛苦之分。現在回想起來，都是哭的畫面。

有時候，一個片子剪了四、五個版本，凌晨兩點回家的路上，接到主管的通知說：「這幾個版本都不行。」然後我的眼淚就流了下來；有時候，已經連續五、六天沒睡覺了，剛想補幾個小時的眠，公司群組發來通知：明天要採訪，需要趕緊準

6　皆為中國知名的電視主持人。

備採訪資料，我放下手機就嚎啕大哭；有時候是在錄製現場，在成千上萬個小細節之中，稍微疏忽了一個小細節，被同事指出來，覺得特別委屈，一邊繼續工作，一邊流眼淚。可是，哭著哭著，你就成長了。

半年過去之後，遇到事情，我不再哭了，因為我什麼都會了，於是我選擇離開，到另外一個節目組從頭開始。然後用一年多的時間，做了三季節目之後，一躍成為主編。

成為主編的生活就如同溫水煮成了沸水，然後呢？你想要沸水沸騰一下就結束，還是想要它變成滾燙的水？

我明白，如果我在主編的位置上熬幾年，我就可以成為總導演，或者我再換幾檔節目，繼續流水線般的生產內容也可以，因為我已經懂得了一些電視的基礎邏輯，靠著這一套方法，多加練習，其實是可以看到自己的頂峰的。但是，就在我糾結的時候，上天給了我一個答案。

某一天，去參加朋友婚禮的時候，我遇到了文章開頭提到的商學院創始人。那時的我對商業一無所知，雖然工作了幾年，也見了很多人，但是總覺得和真實的世界隔著一層紗。他很歡迎我去他那裡工作，於是，我不假思索的就去了一個全新的領域。

後來，我重新回想，自己在做這個選擇時為什麼毫不猶豫，可能就是因為我內心一直在追求的沸騰感，我在商業領域是新手，如果能透過自己的努力，變成一位大神級的人物，想想都令人激動。於是我從專案經理開始做起，一年的時間，變成了內容負責人。

這次決定創業，依然是因為沸騰感。我在商學院學到了很多很有用的東西，我想放在自己身上試試，看看是否行得通。如果說，在商學院的工作再次給了我一種沸騰感，那麼我想在創業這件事上，讓它再度沸騰。

這次選擇辭職的時候，我只問了自己一個問題：如果給你更高的職位、更高的薪水，你願意留下來嗎？我的回答斬釘截鐵：不願意！那就毫不猶豫的離開，對公司以及創始人的虧欠，以後慢慢彌補就可以了。

創業到現在，我也不確定這次是否能夠沸騰起來，每天的生活都在冷靜和焦灼的博弈中度過，完全不知道新的一天會發生什麼，也不知道一個月之後會走到哪裡，更不知道一年之後的我在做什麼。我像一個掉進冰川深處的人，憑藉著自己極強的意志力，希望可以到達冰川之上的光芒所在。

這就是我，一個三十歲女生的生活方式。

沒有綿柔的情感，沒有貴婦或少女的下午茶，有的只是對自我的苛求，以及對沸騰感的渴求，**每天在挑戰中確認自己的存在**。

生活方式從來沒有好壞之分，適合自己的就是最好的。

不管怎樣，我還是希望你也能擁有屬於自己的沸騰人生，雖然辛苦，但真的會讓你有巨大的滿足感和快樂。

“誰不是一邊工作，一邊流淚？
可是，哭著哭著，你就成長了。”

3. 擁有過好任何一種生活的能力

在生活的低點，扛住；在人生的得意處，收著。如此，無論你到哪裡，你都會擁有過好任何一種生活的能力。

——初小軌

一次新書發表會結束後，我在圖書館的走廊被一位女生攔住。她面如白紙，眼窩深陷，局促的站在我面前，看上去有些手足無措。一番語無倫次的描述後，我終於聽懂她想要做什麼。她希望我能帶她去大理[7]，想當我的助理，而且她一再強調不用薪水，只要待在我身邊，她就能過得充實、開心一點。

「妳現在過得很不開心嗎？」我沒有著急表態。

她點點頭：「談戀愛遇到一個渣男，分手了，他還寄信給公司主管汙衊我，愛情沒有了，工作也不開心，所以我不想在這個城市待下去了。」

「可是，妳換一個城市也不一定會變得開心，這點妳要有心理準備。」

「我看過很多本你的書，感覺跟你這樣的人走得近一點，我的狀態就會完全不一樣了。」

面對這位陌生讀者的要求，我並不覺得有些唐突。我只是覺得，這位讀者處理情緒的方法出現了問題。

我勸她在低潮時不要選擇逃避，待她心態平穩一段時間後，如果還這樣想，再跟我聯絡。

我遇過很多學弟、學妹，也跟這個女生一樣，一遇到不順利的事情，以為離開一段時間就能解決不開心。

於是，他們去旅行、去迅速開始一段新戀情，一番瘋狂、折騰後，回到原來的生活軌跡，發現傷口還在、問題還在，甚至因為長時間的忽視，這些懸而未決的小

7 位於中國雲南省西部，大理白族自治州下轄的縣級市。

傷口慢慢惡化成了難以治癒的大膿包。

換一個城市生活、換一個人去愛，根本不可能解決你當下的困惑。你只有學會了生活、學會了愛與拒絕，能夠在骯髒複雜的社會關係中，學會新的處世方法與生活方式，你的心情**才不會因為環境的改變、人的去留而失控**。

渣男（渣女）發信給公司汙衊了你，你要找機會向大家澄清真相，不要怕越抹越黑，也不要怕有不好的影響。只有工作順暢了，心情才能順暢，否則整天心裡掛著一個委屈的疙瘩，就算別人沒有多想，你自己也會多想。

你不太喜歡一個城市的氛圍，便不必強迫自己去喜歡這個城市，但你一定要讓自己擁有，在這個城市平穩生活的能力。

你不能因為去銀行櫃臺辦事遭到一次白眼，就判了整個城市死刑；也不能因為前任渣男（渣女）來自某地，就覺得他老家的人都不是好人。

只有當你擁有了在不喜歡的城市也能平穩生活的能力，才會在換一個城市與另外一群人相遇的時候，與他們勢均力敵。

好朋友可以陪你哭，但沒有義務陪你一輩子

最近，一位做瑜伽教練的朋友陷入了職業危機。

她輟學比較早，但身材屬於一直狂吃不胖型，人長得也比較白淨，於是她很早就經人介紹，進入了瑜伽教練這一行。本來她往瑜伽館一站，就是整個館的招牌，但是現在合夥人一再勸她回家「調養」一下。

她當然知道，對方說的「調養」到底是什麼意思，因為她身高一百六十三公分，體重卻已經從四十五公斤胖到六十五公斤。

很多人理解她身材走形的原因。她剛離了婚，爭奪孩子撫養權失敗。她母親很傳統，把離婚看成一件很丟人的事，拚命找人幫她介紹下一任，可是她見了五、六個，對方不是精明得嚇人，就是初次見面就在飯桌上吃得滿嘴油膩。她不懂，自己怎麼會因為結過一次婚、生過一個孩子，在別人眼中就變得如此不堪，只能跟這些人相親。

她的心情沮喪到了極點。那段時間，她動不動就找人去吃消夜；和別人一言不

合，就找人深夜買醉。

一開始，還有人陪她，身邊的朋友知道她這段日子過得不順遂，所以會抽出時間來陪她、開導她，可半年過去了，她的悲傷陣仗絲毫沒有減弱，打電話給好友們出來散心，卻一個人都沒來。

於是她不再出門，餓了就叫外送，就這樣，一個曾經能做到反手摸肚臍的火辣女孩，如今卻變成了一個滿臉橫肉的宅女。

處境越糟糕，她越不敢出門，時間久了，她活得越來越像陰溝裡的蟑螂。骯髒、見不得光，想死又沒那麼容易。

後來有一天，她窩在床上，用手機打了一封很長的信給我，敲到手指發痠。

她說，她不明白，自己沒有做錯什麼，卻要成為承擔後果的那一個；她不明白，每次去跳舞、去人多的地方喝酒、唱歌，還是不能夠讓自己變得開心；她不明白，那些一開始對自己關懷備至的好朋友，到最後，為何也變得如此冷漠。

因為我和她很熟，實在不知道用什麼話來安慰她，於是就突然想起來德國哲學家亞瑟・叔本華（Arthur Schopenhaue）的一句話，然後便原封不動的發給了她：

獲取幸福的錯誤方法，莫過於追求花天酒地的生活，原因就在於，我們企圖把悲慘的人生變成接連不斷的快感、歡樂和享受。這樣，幻滅感就會接踵而至；與這種生活必然伴隨而至的，還有人與人的相互撒謊和哄騙。

我們換一個城市、換一個環境、換一個人，不過是在**透過快感來驅逐傷口**，但如果你沒有直接面對傷口、沒有將傷口處理好，**那個傷口要麼在你看不到的地方繼續腐爛，要麼變成一道醜陋的疤痕**。

沒有人能一直過得一帆風順、稱心如意，我們每個人總會在不同的階段，遇到讓我們沮喪到極點的人和事，經歷一段捉襟見肘的時光。

只有要求自己在出租房裡學會井然有序的畫畫、插花、看書、寫字，你才能在住進獨棟別墅的時候，不會慌到四處尋找花天酒地的生活去填補空虛。

很多人之所以感覺自己的人生走進了死胡同，就是因為他們沒熬過叔本華口中的幻滅感。

好朋友可以陪你哭一會兒，但他沒有條件用一、兩年的時間，分分秒秒陪著你從陰霾中走出去；聲色犬馬可以讓你驚呼人間的另一番氣象，但它沒有本事讓你在人群退盡的時候，依然不怕孤單。

在生活的低點，扛住；在人生的得意處，收著。如此，無論你到哪裡，你都會擁有過好任何一種生活的能力。

我曾看過一部叫作《明天別再來敲門》（*A Man Called Ove*）[8]的電影。一個名叫歐弗的老頭，在工作崗位上奉獻了四十三年，最後卻遭上司解僱。半年後，妻子死於癌症，他失去了最後一個，在這個混亂不堪的世界中掙扎的指望。於是歐弗決定尋短。

妻子去世之前，歐弗曾活得像一道生命之光。

他們的初次相遇是在火車上，穿著紅色復古高跟鞋的桑雅成為了歐弗的妻子。後來，妻子懷孕的時候，歐弗與高采烈的親自做了一個嬰兒床。但一場車禍卻奪走了妻子肚子裡的寶寶，也奪走了她的雙腿，於是歐弗又為她連夜打造了一個殘障人士的替代道路……歐弗為了自己愛的人，總是拚盡全力去解決生活裡的不如意，可最後，癌症還是帶走了他的妻子。

妻子去世後的每一天，歐弗都在想方設法去死。可是在繩子套上歐弗脖子的那一瞬間，都會發生各式各樣讓他死不成的意外，使得他的脾氣越來越古怪。

然而，歐弗這個「地獄來的惡鄰」，某天卻把自己當初親手做的嬰兒床送給隔壁剛出生的小傢伙。當這個柔柔軟軟的小傢伙被他捧在懷裡的時候，他突然不再想著如何結束生命了。直至某個清晨，歐弗沉沉的睡去，死神終於「眷顧」了他。在生命的最後，他似乎又看到那雙讓自己牽掛了一輩子的紅色高跟鞋。

世界玄妙如此。

耿耿於懷的時候，任何一種生活方式都是人間地獄；

8 由瑞典導演漢內斯．赫爾姆（Hannes Holm）執導的喜劇片，該片於二〇一五年十二月二十五日在瑞典上映。

釋然前行的時候，任何一種生活方式都令人安然。

專注於自己想要的生活，把討厭留在不想要的昨天裡

前段時間，我被媒體朋友委託，採訪一位在雲南省大理種樹創業的人。走進田埂，迎面而來的竟然是位滿頭白髮的老人，我猶豫了好一會，才跟他確認了採訪對象的名字，他哈哈大笑，說：「就是我呀。」已經七十多歲的人，大老遠跑到大理這種山清水秀的地方，不是來養老，而是來創業？

採訪後，我才知道，這位老爺爺年輕時曾是參加過國際大賽的賽車手，自己組車隊、拉贊助，每一步都走得特別不容易。

但他很明白自己熱愛賽車手這個職業，所以他才不管什麼是親戚口中的正經工作、也不管自己有沒有雄厚資本，完全靠自己，一步步的進入國際賽事，這個過程只有他自己知道有多艱難。

他只管為自己的熱愛，勇往直前的克服困難、心態平穩的生活。

如今，老爺爺七十多歲，身價已然不菲，而且財務自由，餘生什麼也不做，每天遊山玩水、到處買東西也綽綽有餘。

但他又篤定了自己喜歡種植園林，所以，好朋友把他「騙」到大理來看蒼山洱海、藍天白雲，他看著覺得不錯，索性就在這裡買了房子。但他還是閒不住，包了一大片地，開始種自己研發的一種觀賞性的楊樹（按：中國常見的行道樹），他還跟我分享自己的產業理念。

這便是過好任何一種生活的姿態。生活方式上的富足，往往不在於你出門住高級飯店，而是無論你身處何處、身處哪個年齡階段，都可以篤定熱愛，全力以赴。

專注自己想要的生活，讓克服與精進變成生活的常態，讓自己在不想要的生活裡活得遊刃有餘，讓自己在想要的生活裡活得風生水起。如此，你才能把討厭永遠留在不想要的昨天裡。

換一個城市生活、換一個人去愛，根本不可能解決你當下的困惑。

4. 精緻過生活的人，都熱愛這幾件事

我們只是平凡的普通人，努力才會閃閃發光。

——不雨亦瀟瀟

關於如何面對理想與現實間的矛盾，我曾在中國問答網站知乎上，看過一個尖銳的問題：為什麼很多搭地鐵的女生都背香奈兒（CHANEL）包？那些幾萬元的包明明是給平時以名車代步的女孩背的，並不符合一般上班族的身分，她們為什麼還要這樣做？

下面的評論眾說紛紜，但值得欣喜的是，更多人開始學會收起偏見，接受差異：汽車限號[9]，地鐵快，或者簡單的認為，背喜歡的包比買車更幸福。一個末

9 指按照號碼限制使用權限，目的是為了減少汽車廢氣排放量。

成年的小女生更直言：從小，爸媽就跟她講，不管花多少錢，包包都只是用來方便自己的，髒了就洗、壞了就扔，別讓它成為你的一道枷鎖。

眾人的答案也代表著他們嚮往的生活，儘管每個人的終點各不相同，但能從生活中感受到快樂的人必定有著自己的優秀特質，一路歡歌前進。

其實，**嚮往的生活不在明天，而在當下，做好自己，每一天便都是成功**。

認真熱愛美麗，讓精緻成為一種習慣

形象是人的第一張名片，得體優雅的女人往往更能贏得大家的尊重。而一個女人對美麗的理解，體現在她對生活的追求之中。樂於投資自己，才更有精力去創造生活。女人對美麗的熱愛並不單純指物質上的追求，更多時候，**熱愛美麗是對夢想的堅持，是一種面對困難的姿態**。

可可．香奈兒（Coco Chanel）是時尚界的大人物，然而她並無貴族血統，甚至出身卑微。

香奈兒出世時，由於她的父母尚未正式結婚，使她成為一名私生女。香奈兒六歲時，其母親去世，而她的父親不久後就在外面逍遙快活，還狠心的將香奈兒遺棄在她的姨媽家。

童年的生活枯燥無比，但心懷希望的香奈兒經常眺望窗外，從未忘記對美麗的追求。在上學的時候，香奈兒依然勤加練習縫紉，收集邊角料縫製袖子和領口。由於手藝出眾，再加上她的美貌和獨特性，令她大受歡迎。

後來，香奈兒遇到了自己的情人，但因為兩人地位懸殊，她深知貴族生活對自己的束縛，香奈兒終究選擇了離開。

生活不曾善待香奈兒，但她仍然堅定的熱愛美麗。

香奈兒從法國巴黎老佛爺百貨店（Galeries Lafayette）買進一批女帽，然後精心設計，適當的加以點綴，如此別具一格的審美，讓香奈兒脫穎而出。很多女客欣賞她對美麗的態度，還特意去她的店裡一睹她的風華。

香奈兒將時尚帶入了新的紀元，她的小黑裙征服了全世界，獨創的五號香水被一搶而空，香奈兒鼓勵大家說：「時尚不僅存在於服裝上，還存在於天空中、大街上，時尚與我們的觀點、生活方式、每天發生的事息息相關。」

因為對美麗的熱愛，香奈兒戰勝了生活的苦難，創造了時尚界的傳奇，她本人也成了美麗的代表，而且風格永存。熱愛美麗的女子，她的運氣不會太差。因為真正熱愛美麗的人，往往懂得表達和展現自己對生活的嚮往。做個熱愛美麗之人，讓精緻成為一種習慣，成就更加積極的自己。

善待你自己，越可愛就越美麗

作家三毛曾經說過：「讀書多了，容顏自然改變。」時間可能會帶走你的花容月貌，而讀書卻能讓你的氣質更加脫俗。一個人的氣質藏著他讀過的書、走過的路、愛過的人。一個真正性感的女子，絕對不是只懂得搔首弄姿之人，有才情的美人才能不為歲月所敗。

一九二九年，一位「狂才」考入了清華大學，他國文特優、英文滿分，他甚至放言：「整個清華沒有一個教授，夠資格當我錢某人的導師。」他就是中國作家、文學研究家錢鍾書。

然而，這位清華三大才子之首卻在第一次見到女作家楊絳時，鋒芒全無，他急切的對楊絳說：「我沒有訂婚。」楊絳也笑著回應：「我也沒有男朋友。」

眼光很高的錢鍾書之所以對楊絳一見傾心，說到底，是因為楊絳的氣質才情。他們從初見便有了愛慕欣賞。

楊絳出身書香門第，酷愛讀書，甚至成名得比錢鍾書早。早年，大家稱錢鍾書為「楊絳的丈夫」。婚後，兩個人互相比賽，看誰讀的書多，一起討論讀書心得，話多得說不完。

錢鍾書寫長篇小說《圍城》的時候，楊絳陪伴其左右。楊絳知書達理，常常能看透錢鍾書的書中深意，說到興起處，兩人會心一笑。錢鍾書更是被這位紅顏知己深深打動，常常對旁人誇讚妻子的聰敏。容顏易老，氣質卻長存，楊絳熱愛讀書，她靠自己的一番才情成了錢鍾書的一生摯愛。晚年，錢鍾書還稱她為「最賢的妻，最才的女」。

一個人的氣質可表現出一個人的品位和修養，而讀書就是氣質的「雕花刀」，時間越久，讀書越多，越有氣質。而你所讀過的每一本書都會在潛移默化之中，賦予你優雅和風度，照亮你前行的道路。

精緻生活的人，其實都只做這件事

生活很苦，卻從不虧待認真的人。你越認真，人生越容易開掛。所謂認真生活，就是每天保持積極樂觀，學會把身邊的每一件小事做到極致。我們只是平凡的普通人，努力才會閃閃發光，而你認真生活的樣子也會讓世界忍不住為你喝彩。

中國著名作家饒雪漫說，第一次見到陳意涵的時候，覺得她是個洋娃娃。大眼睛、元氣少女的樣子，陳意涵保持了幾十年，觀眾差點忘了，她已經快四十歲了，這一切得益於她的認真生活。

陳意涵的童年是在村莊度過的，沒人照看她的時候，她就爬樹、撈魚。她很小的時候就開始打工，儘管生活如此辛苦，但陳意涵卻從不抱怨敷衍，她還覺得開心，喜歡忙碌。

在綜藝節目《幸福三重奏》中，我們更是被這個已婚少女深深打動：早起第一件事是迎著陽光做瑜伽；在家沒事，隨便一支電話，就跟老公互玩打詐騙電話；跟老公騎著自行車去拜訪鄰居，陳意涵更是化身為「十萬個為什麼」，一路觀察植物。

興趣廣泛，且時時保持童真，陳意涵身上彷彿永遠灑著一片陽光，她很會找到生活的樂趣，對什麼事都興致勃勃，積極認真。

身為丈夫的許富翔更是對陳意涵大加讚賞：「我一直覺得，我們相處有時真的不太像夫妻，更像結了婚的朋友，她是老大、我是小弟，我就跟著她跑。」

陳意涵練瑜伽的時候，老公就在一旁拍照；她學習的時候，老公也會在一旁保持安靜。這個認真的小太陽時時刻刻吸引著大家的關注，讓我們忍不住為她喝采。

學著去認真生活，積極面對，你會發現，整個世界都想跟上你的腳步，陪你去探索未知的快樂。

臺灣作家林清玄曾在自己的散文中說：「清淡的歡愉不是來自別處，正是來自對平靜、疏淡、簡樸生活的一種熱愛。」

高品質生活不是靠金錢堆砌的，而是一種懂得品味生活的境界。

嚮往的生活應該是無所欲求，但有所講究，精緻、細緻、積極進步。

學著去體會生活的真正意義吧！**找到內心深處認真樂觀的自己，嚮往的生活又何須苦追，換種心態，你會發現它一直都在。**

”嚮往的生活不在明天，而在當下，
做好自己，每一天便都是成功。“

5. 別人買限量包，我獨愛限量版人生

雖然背帆布包也很開心，但兩萬多元的名牌包我也值得擁有。

——桃啃笙

三十歲的元旦，我計畫了一件大事，那就是購買人生中第一個名牌包。

那年，我剛轉型做博主（按：指寫博客〔網路日誌〕的人），不時有些高檔線下活動要出席。這種活動尤其注重外表，不少邀請函甚至會提前說明著裝規定，也總在這樣的場合，女性們之間的較量更是暗潮洶湧。特別講究的博主會一身名牌閃亮登場，再不濟的也是人手一只名牌包。

唯獨我像是一個誤闖蟠桃會的小丫頭，拎了只帆布包就去了，衣服也是隨便套的。觥籌交錯間，雖然大家明面上照常寒暄交際，但當下確實讓我自慚形穢。

因此，我下定決心，一定要去買一個名牌包！最好是 logo 很大的那種，包壯人膽。買什麼包？我鎖定了三個好認又能保值的牌子——愛馬仕（Hermès）、香奈兒、LV（LOUIS VUITTON）。

前兩個動輒數萬起跳的價格讓我望之卻步，所以LV成了最好的選擇，兩萬元人民幣（本書人民幣兌新臺幣之匯率，以臺灣銀行二〇二一年十一月公告之均價四．四元計算，近新臺幣八．八萬元）左右就能買到最新的經典款，更是所有名牌新手的入門品牌。

跨年那天，我直奔澳門，衝進LV商店，既興奮又忐忑的在店裡逛著。

雖然在此之前，我已經做好功課，不僅了解了LV近幾年的設計理念、各國同款價差、明星款，甚至對二手市場價格略有研究，但進到店內後，我還是有點茫然，更有點畏畏縮縮。

即便看到比較順眼的包，我也不好意思請櫃姐讓我試背，生怕被人翻白眼，刺激我脆弱的自尊心。

還有一點就是，我發現，自己對擺在那裡的包包，並沒有發自內心的急切擁有。買包變成了一種任務，刷卡付錢只有心頭劇痛，雖然我小有積蓄，卻總覺得那些錢能花在更有意義的地方。

但也不得不承認，刷卡的那一瞬間，真的非常爽，特別開心，發自肺腑的自豪油然而生。因為買包的錢是我自己賺的，決定刷卡是我對自己的認同與肯定——雖然背帆布包也很開心，但兩萬多元的名牌包我也值得擁有。

不過，那只最新款的ＬＶ至今只背過兩次，就被我束之高閣。一是包太大，雖然店員一直說很實用，但大包用的機會不多，拎著還很沉，倒不如帆布包順手。二是在那以後，我因為事業小有成就，**一張臉成了最好的招牌，不需要靠名牌壯膽**，已然渾身是膽。但那只包確實成為我人生中非常值得紀念的節點，「買」的意義勝過包本身。

當時我付完款，等候櫃姐打包。家人一旁陪同，特別自豪的說：「這只包是她自己賺的哦。」櫃姐回答：「是啊，女孩子的包包就要自己花錢買、穿自己的高跟鞋，才有自己的故事。」一直到現在，這句話依然觸動並且鼓舞著我。

曾經，網路上鼓吹消費主義（按：Consumerism，指相信持續及增加消費活動有助於經濟的意識形態）好長一段時間，還教唆女性們，就算自己買不起，也可以叫男朋友買，甚至搞出了一堆課程，但那時，我就寫過一篇〈喜歡的口紅，我可以自己買〉的文章，強調女生可以接受另一半的禮物，但更要有自己想要什麼都能自給自足的自信。

現在，有太多人迷失在消費主義裡，為了一只包、一雙鞋、一支手機，甚至僅僅是一夜的五星級酒店，就出賣自己，光想著不勞而獲，以至於誤入歧途。

但為人一世，無論何時，**最大的自信，永遠不是靠別人獲得的**。只有緊緊被自己攥在手中的資源、腦袋裡豐富的學識、成長過程中積累的閱歷，才是能夠陪伴自己一生並為自己所用的東西。

也是在買完那只包後，我覺得自己人生中的某些屏障消失了。過去，我曾經過分的迷戀權威、迷戀浮華，卻忽略了人最重要的本質。但買完包後，我終於意識到，這些東西其實就只是個包裝。就像吃雪糕一樣，包裝紙再漂亮也不能吃，重要的還是雪糕本身的味道。

限量版人生，才是你一輩子的名牌包

但過分強調內在而忽略外表也是不可取的。人就像一間店面，仍然需要一些很美好的東西，來裝飾和點綴自己的外表。就像路過商店時，人們總會為美麗的櫥窗駐留一樣，櫥窗決定了人們願不願意走進店鋪；至於商店實質的內容，則決定了人們是否願意購買。

如果一間店沒有漂亮的櫥窗，但我偶然進去後，發現裡面的東西還不錯，我可能會再次光顧；可如果只是虛有其表，那我可能去一次，飽飽眼福，以後便不會再去了。

對我來說，那只名牌包可能就是一個美好的櫥窗，它能讓我展示更好的自己。但要讓別人真正的喜歡我、尊重我，還得靠豐富自身、豐富內心，增長經驗和閱歷，並將之轉化為自身實力。

因此，每當我再看到那些女生擁有漂亮的包包、好看的衣服時，我都會跟自己說，我也有一只LV包，但它躺在防塵袋裡睡覺；這只是我生活中偶爾的獎賞，而不是我生活的全部。

此外，也不該讓外表喧賓奪主，是人穿衣服，而不是衣服穿人。因為買包包只是一個美好的點綴，能讓你保持心情愉快。

現在，我偶爾還是會去二手店找一些二手包，同時了解不同年代、不同品牌的設計理念，或是最近流行的經典復刻款。所謂經典，並不隨著時間的推移而過氣，相反的，歲月凸顯了它的精髓與魅力，時間的沉澱則成了最好的證明。時光荏苒，經典永流傳，這句話形容在人身上同樣適用。

時尚也好、人也好，都會在歲月中不斷沉澱，可能在當時的節點來看，並不特別。但隨著時間不斷推移，也許人們會在歲月中讀懂它超前的美麗。所以，**如果現在的你覺得自己選擇努力的方向沒有錯的話，那就堅定不移的走下去吧！**

時光會給你答案。

這些是我在買下那只ＬＶ包後的一點感悟，如果對你有小小的啟發，就再好不過了。

別用名牌包買自信，
活出你的限量版人生。

6. 人生下半場，學會與自己獨處

當你累了、煩了，被生活磨得千瘡百孔的時候，
至少你還擁有獨處的空間。

——菀彼青青

歲月匆忙，時光易老，詩人余光中亦說道：「掉頭一去是風吹黑髮，回首再來已雪滿白頭。」

很多時候，我們對日子還未曾細細品味，便已人到中年，千帆閱盡。中年人往往對年齡有著幾絲愛恨交織的錯覺。

在年邁的父母面前，彷彿自己仍是那個稚嫩嬌憨的年少；可在孩子的眼裡，我們卻早已成為那個身披盔甲、無所不能的平民英雄。

世間五味，酸甜苦辣，中年人一一嘗過，漸漸的也懂得了，所謂苦楚與歡喜，皆是生活的表象。不亂於心，不困於情，不畏將來，不念過往。

人生下半場，我們最好的活法，便是在每一個平凡的日子裡，守住自己原本澄淨樸素的真心。

一個人真正的富有，是從容

作家汪曾祺在《人間草木》裡寫道：「世間萬物皆有情，難得最是心從容。」逢艱難而不慌亂、處困境而心豁達，是一個人最好的精神境界。

二〇二〇年庚子鼠年春，一場疫情突然襲來（按：指新冠肺炎）。在這樣的群體厄運裡，人性的光芒卻處處閃耀在我們這片受難的土地上。

在武漢的方艙醫院裡，即便身染新冠肺炎，心態豁達的大嬸們仍然跳起了歡快的廣場舞。於她們而言，雖然身體有恙，但一個人的好心態卻丟不得。

對生活的熱情從容令她們暫時忘掉了自己的病痛、忘掉了未知的明天、忘掉了自己身處隔離區。

既然生活給了你迎頭一棒，那麼你又何苦為難自己？與其哀怨，不如跳舞，至少這樣的豁達歡快，能給身邊有相同遭遇的人們帶來希望與安慰。

無獨有偶，大嬸們心態豁達，大叔們也坦然從容。

在湖北宜昌，兩名身患新冠肺炎的大叔病癒出院。在出院的那一刻，一位大叔歡快的唱起了歌，而另外一位大叔則將一朵鬱金香親手送給護士們，以表達他的感激之情。一個人真正的富有，便是內心的豁達與從容。

南宋愛國詩人陸游的詩跨越幾百年，依然激盪人心：「昨夕風掀屋，今朝雨壞牆。雖知炊米盡，不廢野歌長。」

屋漏牆倒、炊米皆空、身染疾病、前路未明，但只要還有一絲氣息，從容豁達且樂觀的人們，便會在那遼闊的田野裡，自由自在的起舞高歌。

這是中年人歷經時光之後，所收穫的人生箴言，也是後半生保持身心自在的最佳方式。

獨處是最自在的放鬆

關於孤獨，作家林語堂曾給出一個非常有趣的答案。他說：「孤獨這兩個字拆開來看，有孩童、有瓜果、有小犬、有蝴蝶，足以撐起一個盛夏傍晚間的巷子口，人情味十足。」對大多數人而言，**孤獨是最好的冷靜，而獨處是最自在的放鬆**。

在熱播劇《安家》裡，孫儷飾演的房似錦，將一間多年未曾賣出的跑道房[10]賣給了海清[11]飾演的婦產科醫生宮蓓蓓。

當宮蓓蓓初見這套有缺陷的房子時，內心是猶豫的。但當她踏上那個可以看到星空的閣樓，聽到房似錦對她說：「當妳累了、煩了，被生活磨得千瘡百孔的時候，這裡就是妳獨處的空間。」她動心了。

看山看水獨坐，聽風聽雨高眠，對宮蓓蓓而言，獨處是世間最寶貴的自由自在。宮蓓蓓披星戴月，櫛風沐雨，早已忘記了理想。而這樣一個獨處的空間，可以幫她找回曾經失去的天真夢想。

人只有在獨處時，才能達到逍遙於天地之間，而心意自得的至高境界。

劉若英與丈夫結婚後，依舊各自保留著獨處的空間；中國節目主持人汪涵在舊房單獨設置了可以安靜發呆的書房。

獨處是一種美德，也是唯一能與生命與靈魂對話的方式。

享受獨處、享受孤獨、享受人間清歡，是人生下半場最應該學會的生存之道。

所謂人生贏家，也不過是知足常樂

被稱為「半個聖人」的曾國藩曾經說過：「知足天地寬，貪得宇宙隘。」知足意味著不豔羨、不嫉妒、不怨憎，意味著天地由心而寬，日月由心而明。

而對於世間大多數人而言，知足是經歷歲月沉澱之後的生活智慧。

10 指房型特別，房子的走廊像跑道一樣。

11 中國女演員，本名黃怡。

在娛樂圈裡，被稱為「人生贏家」的黃磊，便是一個對生活擁有著佛系心態的人。他年少成名，曾經是七〇後女性心中風度翩翩的白馬王子，而如今，他雖人到中年，身材發了福，卻又因其令人驚豔的智慧，獲得了更多的尊重與讚譽。

在綜藝節目《嚮往的生活》裡，黃磊曾和嘉賓談到「人要知足常樂」。在媒體採訪他時，他也多次講過，如今的生活可以讀書、可以做自己喜歡的事，身旁還有妻女陪伴，讓他很知足。

在黃磊的微博裡，人們可以看到一個知足常樂、珍惜時光的中年男人。他大方的與妻子秀恩愛，認真準備著一日三餐，與孩子一起玩著充滿童趣的遊戲。家人閒坐，燈火可親，他們一家人的日子溫情舒緩，樸素歡欣，滿滿的平凡生活。

家財萬貫，日食不過三餐；廣廈千間，夜眠僅需六尺。有時候，好日子與物質無關，而與心態有關。於黃磊而言，兒女雙全、心寬體胖、夫妻恩愛、好友常在，人生便已經足矣。而**所謂人生贏家，也不過是知足常樂、懂得珍惜眼前的幸福**。

儒家經典《菜根譚》中有言：「知足者仙境，不知足者凡境。」

懂得知足的人，即便身在泥淖，也自在如神仙；而不知足的人，任憑鮮花著錦，烈火烹油，也過得無滋無味。人生過半，知足者，方能得自在，享安樂。

學會放下，從容過生活

凡人之所以常常自尋煩惱，只因放不下人世八苦。這生、老、病、死、愛別離、怨憎會、求不得、五陰熾盛，每一樁苦楚都可以令人生出糾纏的執念，而選擇斷然放下，才是人生後半場最聰明的處世哲學。

何不選擇放下？只因一念放下，萬般自在。唯有放下沉重的包袱，我們才能找回曾經最樸素、最誠摯的自我。

松花釀酒，春水煎茶。**心無罣礙的時光才是人生裡最珍貴的日子**。

人到中年，萬般皆悟。豁達的面對濃淡相宜的時光，獨處於長短皆逝的流年，在遠近相安的人心裡懂得知足，在往來皆客的浮生裡學著放下。歲月憑風轉，身安心亦安，這便是人生過半，我們最好的活法。

孤獨是最好的冷靜，
而獨處是最自在的放鬆。

7. 所謂的心想事成，就是接納生活裡的不完美

你的要求越多，得到的痛苦和失望也就越多；
那些心想事成的生活，也不過是因為接納了生活的不完美。
——川上

很多人說，自己過得不快樂。其實歸根究柢，還是因為想要的太多，但能力太弱；不完美的事情太多，但能改變的太少。

有一天，和我關係很好的前同事約我見面，我本以為她是來找我敘舊的，卻沒想到是向我「求救」的。從認識她開始，我就知道她是一個對自己要求很高的人，凡事都要做到最好。

去年，她跨過了管理層的一道關卡，終於升職，朋友們紛紛恭喜她成了人生贏

家，而她卻不得不面對另一個問題：我有錢了，可依然不快樂。

她說，去年自己幾乎每天不是在忙著賺錢，就是在賺錢的路上，一路打怪升級，和缺點較勁。現在日子過得好了，但生活依然過得斤斤計較而焦慮。

我說，不必強迫自己，不必事事周全，這樣就可以輕鬆一些。而她卻說，我還不夠好。這種「我不夠好」在生活中比比皆是，覺得自己不美、太胖、事業不成功、總是加班、房子有點小……。

小時候，我們學過一句話：「有志者事竟成。」老師、父母會告訴我們，只要你夠努力，便沒有得不到的東西、沒有實現不了的夢想。但**成年人的現實卻是，有些事，無論你怎麼努力，就是改變不了，就是做不到**。

說話達人秀《奇葩說》主力辯手陳銘曾說：「在這個世界上，如果你把眼光聚集到糟糕的一面，糟糕就成了全部，你也會隨之陰暗下去。但哪怕只有一％的事是光明的，你盯著那一％，你就會開朗起來。」

生活不易，人人如此。當你遇到了問題，不再去想為什麼不能，你的生命才會越來越自由，越來越有力量。所以，**很多時候，我們必須接受不完美，和生活握**

手，與自己言和。

即使是最幸福的婚姻，也會有兩百次離婚的念頭

婚姻裡也是如此。戴建業教授曾發過這樣的一條動態：「對愛情和婚姻萬萬不可『胸懷大志』，志向越大，痛苦必然越深，要求越多，收穫越少。」

這條動態下面有很多留言，其中按讚最多的一條也說，婚姻中，如果你想改變對方，我勸你打消這個念頭，因為根本不可能，除非他／她自己想改。

我的一位讀者曾和我聊過她的婚姻煩惱。她是一個理想青年，年輕時愛看愛情小說，看慣了小說裡圓滿的結局，在二十八歲的時候，她就抱著美好的憧憬，走進了婚姻。

雖然她對另一半仍有不滿意的地方，但她總覺得自己可以把另一半改造成自己喜歡的樣子。可是，這個讀者的丈夫特別喜歡交朋友，加上他是家中的獨子，親戚也少，所以總想著多參加飯局聚會、多認識一些人。但，她卻覺得參加飯局聚會，

喝酒熬夜傷身體，而且這樣的酒肉朋友交了也沒意思。一個月裡因為這件事，兩人就大吵小吵不下幾十次。

相愛總是簡單，而相處太難。相愛是發現對方優點的過程，而相處是發現對方缺點的過程。

總看對方的小毛病不順眼、總覺得自己才是對的，所以總想著要「改造」對方。但愛一個人，不僅僅是愛他的優點，還要包容他的這些不完美。

一段婚姻中，愚蠢的人把對方當敵人，總想著消滅缺點；而聰明的人把對方當戰友，分享快樂、共擔風雨。有一句話說，在這個世界上，即使是最幸福的婚姻，一生中也會有兩百次離婚的念頭，五十次想要掐死對方的想法。

你的要求越多，得到的痛苦和失望也就越多。

世界上沒有十全十美的人，幸福的婚姻不過是因為兩人接納了對方的不完美，而那些**心想事成的生活，也不過是因為接納了生活的不完美**。不光是婚姻，人生中不如意的事情太多了，我們要學會抗爭，但更要學會和自己和解。

人生最難的是，與自己和解

舞蹈老師廖智在汶川大地震中，是那棟樓唯一的倖存者，但作為一個舞者，她在地震中失去了雙腿；作為一個母親，她失去了自己的女兒。在意外發生前，廖智的婚姻就已經搖搖欲墜，在地震後，她果斷和這段婚姻做個了斷，和過去的自己做了訣別。

廖智說：「你們可以看著我，然後這樣想：這人多慘，雙腿沒了、女兒沒了，老公也不要她了……。」廖智消沉過一陣子。整天吃東西，胖了十四公斤。但是慢慢的，她走了出來。

在幾個月後，廖智重新登上舞臺，向觀眾展示全新的自己。然後，她參加了節目，登上了更大的舞臺。她從不用「殘疾人」去定義自己，她化妝、跳舞、工作、穿高跟鞋，以前怎麼樣，現在依然如此。那場突如其來的災難把廖智的生活生生砍成兩截，但是她沒有怨天尤人，如今的她依然樂觀而堅強。

有的時候，生活就是這樣，想明白了，就一切都明白了。

二〇一三年，廖智認識了她現在的丈夫查理斯。一個樂觀向上的人，不論什麼時候都會有一種強大的吸引力。很快，他們結了婚、生了孩子，組成了一個平凡而幸福的家庭。

廖智說：「這個人生不完美，但我足夠感恩。」這種人生態度特別打動我，其實生活就是需要一點釋然的智慧。有的人在生活中遇到一點摩擦、挫折，就覺得自己的天要塌了；而有的人經歷了生離死別，照樣還能活得漂亮而精采。

後悔怨恨是一輩子，經歷了最暗的夜仍懷有對陽光的期待也是一輩子。關鍵就在於我們怎麼選。

正如作家馬家輝在談話節目《圓桌派》裡說的：「生命無非就是苦來了，我把它安頓好了。」

我們每個人在生活裡總會遇到這樣一些不完美，它就像一根刺，雖然微不足道，卻需要花費很多時間和精力去和它撕扯。

你苦惱的工作壓力，你心煩的親密關係，你抵觸的原生家庭，你感受的同輩壓力……可是，生活中的很多事情不是我們能控制的。當我們耗費精力去和它們纏鬥時，我們就像進入了一個泥淖，越掙扎，越無力逃脫。

所以，**我們真的沒有必要和這些負能量對抗到底**。

誰的生活裡沒有日常瑣事呢？

真正讓我們痛苦的不是那些不如意的事情，而是我們面對它們的態度。

一件事情不論多麼嚴重，當我們接受了它，這件事情對我們的影響就不會太大；一件事情不論多麼微小，只要你一直跟它過不去，這件事就會一直讓你痛苦不堪。**無力改變，又不能接受，這就是我們生活痛苦的根源**。

所以，當一件不如意的事情出現在我們的生命中，如果我們無力改變，那麼不妨張開雙臂迎接它。

當我們放棄了沒有必要的纏鬥，把自己的時間和精力放在那些能讓自己成長、讓自己幸福的事情上，生活中的快樂就能翻倍。

當我們放不下的時候，不妨問問自己：這件事對我真的有那麼重要嗎？然後，你就會發現，時間如白駒過隙，到最後，那些我們曾經在意的事情會變得雲淡風輕。學會接納生活中的不完美，快樂就會在不遠處等著你。

”

我們真的沒必要與負能量纏鬥，

要把時間花在讓自己幸福。

“

第二章

生活不難，只是你想得太複雜

不是所有東西你都需要，要學會扔掉；
不是所有關係你都要維護，要學會斷掉。

1. 越優秀的人日子過得越簡單

許多時刻，我們之所以做不到簡單生活，
是因為我們內心有太多浮躁、太多欲念、太多拿不起和放不下。

——李思圓

科學家居禮夫人（Marie Curie）堪稱一位傳奇人物。一九〇三年，她和丈夫獲得了諾貝爾物理學獎，她個人又在一九一一年，獲得諾貝爾化學獎。她的大女兒和大女婿在一九三五年，也獲得了諾貝爾化學獎。

如此非凡卓越的她卻過著極其樸素的生活。

居禮夫人曾在文章裡寫道：「近五十年來，我致力於科學研究，而研究是對真理的探討。我有許多美好快樂的記憶。少女時期，我在巴黎大學（Université de

Paris），孤獨度過求學的歲月。在整個時期中，我丈夫和我專心致志的，像在夢幻之中一般，艱辛的坐在簡陋書房裡研究，後來，我們就在那裡發現了鐳。我在生活中，永遠是追求安靜的工作和簡單的家庭生活的。為了實現這個理想，我竭力保持寧靜的環境，以免受人事的干擾和盛名之累。」

平日裡，居禮夫婦就待在實驗室做實驗，很少與其他朋友交談。即便偶爾與少數幾個科學家交談，居禮夫人也會為了節省時間，一邊與他們聊天，一邊為女兒縫補衣服。

甚至為了更投入於研究中，他們家裡總是缺沙發、少椅子，這樣既拒絕了旁人的來訪，也可以減少打掃家裡的時間。

居禮夫人發現了鐳，但她並沒有申請專利，也沒有向使用這項科學研究成果的人索取任何物質上的補償，反而主動放棄一大筆發明的所得，僅靠夫妻兩人微薄的收入度日。

甚至在大女兒出生的那一天，她曾記帳寫道：「香檳酒，三法郎。拍電報，一法郎十生丁。醫生和護士，七十一法郎五十生丁[12]。」

那個月，他們一家一共花了四百三十法郎四十生丁，其實這已經是非常少的金額了，但居禮夫人仍然覺得超支太多，還特地在月開支數字畫上兩條線。

你有沒有發現，越是優秀的人，在事業上取得的成就越多，在生活上就過得越樸素簡單。因為他們幾乎將全部重心、時間和精力投入在自己所熱愛的事業上。同時，不斷創造更多價值。然而，這些並非為了外在的名利，而是真心想要為這個社會、為國家，乃至為整個世界做出一些貢獻。

美國作家亨利．戴維．梭羅（Henry David Thoreau）於一八四五年，在距離麻薩諸塞州康科德（Concord）約三公里的瓦爾登湖畔，隱居了兩年兩個月零兩天，自耕自食，並以此為題材，寫成了一部世界名著《湖濱散記》（*Walden*）。

在他看來，更多時候，財產是負擔，他說：「我看到許多年輕的同鄉繼承了農地、房屋、穀倉、牲畜和各種農具，這對他們來說是很不幸的。因為這些東西得來容易，卻揮之不去。他們忙於應付各種自找的煩惱和多餘的勞役，乃至沒有餘力去

---

12 法郎曾是法國的流通貨幣，現在已經轉用歐元；一法郎等於一百生丁。

採摘那些更美好的人生果實。」

於梭羅而言，花更多的時間去充實自己的精神生活，比無止境的賺錢，從而過富裕的生活更重要。

梭羅曾列舉了生活必需品，不過是幾種工具，比如說一把刀、一把斧頭、一根鏟子和一輛獨輪車，如此便足夠。即使愛讀書的人還需要油燈、文具和幾本書，這些也算是花很少的錢就能買到的必需品。

在穿衣方面，梭羅認為，衣服樣式是否新奇、別人會怎麼看待都不重要。他說：「我們外面的那層通常輕薄而美麗的服裝，是我們的表皮或者說假皮，跟我們的生命沒有關係。」

此外，在飲食方面，梭羅基本上是素食主義者，不吃肉、不吸菸、不喝酒。當然，也曾有農夫告訴他，不能只吃素，因為蔬菜不能為人提供骨骼生長所需的營養。但梭羅認為，農夫所馴養的牛僅靠草食，也絲毫不影響牠做粗活。

他反對把一生的大把時間用來賺錢買房。因為在他看來，把一生中最好的光陰花在買房子上實在是得不償失。

梭羅說：「擁有房子之後，農夫也許不是變得更富裕，而是變得更貧窮，實際上是房子擁有了他。」

當然，像梭羅這樣純粹的自然主義者[13]，於大多數人而言很難做到。但他想要表達的，並不是非要素食、不穿好看的衣服、不賺錢買房，而是告訴你，不必為了珍饈百味，而忘了食物是為了充飢；不必為了去取悅別人，而忘了服裝是為了保暖；不必為了洋房別墅，而忘了房子是為了讓我們擁有一個落腳的地方而已。

許多時刻，我們常常因為越來越膨脹的欲望，而忽略了人真正需要的東西並不多。一旦你過分的去追逐，不僅容易迷失方向，也會讓自己活得痛苦不堪。甚至很多人因為過度追求外在的舒適、安逸和奢華，而放棄了自我精神的成長，用名利將自己的心靈綑綁。

13　一種哲學思想，廣義的自然主義（naturalism）指主張用自然原因或自然原理解釋一切現象的哲學思潮。

就如同德國哲學家叔本華所說的，一個人對外在的物質要求越低，他對內在的要求就越高。**在某一種層次上，智慧的人比普通人過得更節儉。**因為奢靡的生活，於他們而言，並沒有太大意義，更不可能阻礙他們專心致志的投身於自己的事業中。

楊絳：「簡單的生活，是人生的至高境界。」

楊絳是中國著名作家、翻譯家和外國文學研究家。她和其丈夫錢鍾書曾經是文壇的一對伉儷，也留下了諸多佳話。

但著作等身的她，在生活中，依舊是一個極其低調、樸實且深居簡出的人。錢鍾書在世時，和妻子楊絳、女兒錢媛，三人在家裡，一人占據一處，然後各自靜坐、看書、寫作。他們極少社交，也不願別人上門來訪。身邊熟識他們的朋友，如非必要，也不忍心去打擾他們鑽研學問，甚至害怕耽誤他們讀書的時間。

曾在中國科學院工作的潘兆平與楊絳和錢鍾書是至交，他們幾乎是無話不談的朋友。當記者向他了解錢鍾書去世之後，楊絳的生活狀況時，他說道：「楊絳晚年還是以伏案工作為主，但她很注重養生和鍛鍊。她在家裡的空地來回走路，每天堅持走幾千步。

「其實她家裡很狹窄，我建議她下樓走走，活動筋骨。後來，楊絳說她聽我的話，去樓下散步，沒走幾步路就碰到一個老鄰居，再走幾步又能碰到老友，每個人都要聊上半天。她說：『這哪是散步啊，這是下樓開新聞發表會啊！』

「楊絳睡眠不好，早上很晚起，我去找她時都是儘量晚點去。有時她叫我一起吃飯，桌上的菜琳瑯滿目，清蒸魚、一盤有肉片的炒菜、蒸蛋，還有一些開胃的涼菜，但是這些菜的分量都非常少。」

楊絳可以說是一位真正活到老學到老的大家，即便在痛失丈夫和女兒後，她一個人孤苦伶仃的活著，也依舊不願見任何記者、不願接受任何採訪，而是一個人在家裡，一直讀書寫作，幾乎沒有一天停止過。甚至在九十二歲高齡時，她堅持每日回憶和記錄他們家庭六十三年來的點點滴滴，最終寫成了著名的散文集作品《我們仨》。

楊絳既沒有活在過去的成就中，也不被虛名浮利所誘惑，因為她深知，世界是自己的，與他人無關。

所以她從年輕至老，一直保持著一顆不變的初心，過著平淡的生活，追求精神上的豐富，同時她清楚的知道，自己應該過怎樣的一生。

其實，一個人的樸素並非體現在外在的清心寡欲上，更重要的是，他的內心保持豁達、開闊和清明。當然，還有許多人誤以為，過樸素的生活，就一定代表這個人有高尚的精神。一個真正優秀的人反而是因為其內心，有了更高的追求、理想和抱負，才會由內而外的變得純粹、簡單和素樸。

簡單可以讓你節約更多的時間、心力和餘力，去專心致志的投入一件事。

簡單可以讓你領悟到生命的終極意義，並不在於揮霍和享受，而在於創造。

簡單更可以讓你明白，人生並不在於爭取功名利祿，而是實現自我的價值。

許多時刻，我們之所以做不到簡單，**不是因為我們不適應看似單調、乏味甚至孤苦的簡樸生活**，而是我們**內心有太多浮躁、太多欲念、太多拿不起和放不下**。

越是優秀的人，其生活越簡單。

“你之所以做不到簡單，是因為內心有太多欲念、太多放不下。”

2. 不斷做減法，快樂就會多出來

不是所有的東西你都需要，要學會扔掉；
不是所有的關係你都要維護，要學會斷掉；
不是所有的念想都要實現，要學會除掉。

——央陽

很多家庭都有這樣的現實困境。

淘汰的電視手機、用舊的鍋碗瓢盆、過時的衣服鞋子、商場打折的各類贈品，總想到這些東西還有用處，捨不得丟掉，結果家裡的東西越來越多，櫥櫃滿滿的，衣櫃門也關不上；儲物間的空間越來越小，屋裡到處是東西。

這些東西中，有些一年半載沒動過，有些你甚至已忘記了它們的存在，它們只是靜靜的待在櫥櫃、衣櫃、儲物間裡，占據著有限的空間，耗費著我們尋找東西的時間，使家裡顯得特別雜亂。

它們真的有用嗎？或許你想以後可能會用到。但現實是，你幾乎從來沒有使用過。如果你把這些東西處理掉，你會發現，原來屋子還可以如此寬敞，處理家務還可以如此快捷。

生活中，我們不需要的東西太多了：衣服買了一件又一件，結果你還是喜歡僅有的那幾件；手機買了兩支、手機 sim 卡有三張，其實每天你最常用的只有一個號碼；去大賣場，一次買一大包食物回來，結果有些放到過期而不得不扔掉。

生活中，到底有多少東西是真正必要的？你之所以把家裡弄得太亂，只是因為你想保留的東西太多了。你買了那麼多東西備用，結果九九％都不需要。

生活原本很簡單，你想要的越多，就越累。而去掉了這些東西，你就會過得更加簡單自如。

很多人依賴手機、臉書等社交工具，已經到了時刻離不開的地步，他們覺得只有透過這樣的交流，才能與朋友保持密切關係。

別太相信交情，再好的朋友也要有距離

但是，央視知名主持人白岩松卻沒有微信，更不用說透過社交軟體與人加深關係。白岩松說：「要是上了微信，別人問，你有微信嗎？我就得說有。那人家說加好友，我能說不加？我要加了，得要加多少個朋友？」

白岩松參與創辦央視新聞節目《東方時空》，主持過多個知名節目和國家重大活動的直播，他的主持風格理性、犀利又不失幽默，特別受歡迎。他把大量的時間用在看書、聽音樂、觀察甚至發呆上，這能夠讓他產生新的想法，讓自己的思想更有價值，贏得更多人的關注和思考。他從現實生活中做起，從大量的無效社交中跳脫出來，節省了大量的學習、思考時間，終於活成了他自己。

同是知識豐富、受人尊敬的主持人，汪涵的微信圈裡一旦超過一百人，他便會把一些沒有意義的帳號全刪掉，就連和他搭檔了十年的同事和知名影視明星也被刪掉了。汪涵說：「再好的朋友也應該有距離，太熱鬧的友誼往往是空洞無物的。」

聰明的人不會把時間浪費在無效社交上，真正有品質的人際關係不是靠拚命社

交而建立起來的。三兩知心好友勝過無數泛泛之交。減少無效社交，你會有更多時間用來讀書學習，用來提升自己的能力，也才能得到人們更多的尊重和信任。

去除不需要的欲望、名利

我曾看過一個退休老人的故事。晚年時，這位老人想將自己的財產留給兒女，但兒女們卻說老人應該自由支配這些財產。

老人考慮到兒女工作忙，還要照顧孫子，但他的生活不能再完全自理，因此不願意給兒女添麻煩，於是他決定去養老院。老人在養老院裡挑選了一間獨立房，家裡那麼多東西，只能挑選極其有限的東西搬過去。珍藏的全套紅木家具、一大堆郵票、十來把紫砂壺[14]、幾十瓶好酒和一些寶貴的小件物品……這些東西，他都沒有搬。他只揀了幾件愛穿的衣服、一套炊具、幾本書、一把喝茶的紫砂壺等。然

14 中國的傳統茶壺，相傳源自宋代至明武宗正德年間。

後，他就去了養老院。

這位老人感嘆的說：「他珍藏的那些所謂的財富都是多餘的，它們並不屬於我，我只不過是看一看、玩一玩、用一用，它們實際上只屬於這個世界，輪番降臨的生命都只是過客。」

是啊，人生睡一張床，住一間房，吃三餐飯，足矣。來到世間，我們本是為著快樂而來的，但是一旦沉湎於財富，沉湎於胃口越來越大的欲望，我們便再也不會滿足、再也不會快樂。「無欲則剛」，當你不再被縱欲望所操控時，你便能自由的生活。

當代雜交水稻之父袁隆平培育出的「南優二號」、超級稻（按：指產量、米質超過現有品種），將每公頃產量從三噸提高到最高十八噸，惠及全球四十多個國家和地區。他得過的中國乃至世界頂級獎項不計其數。他也確實很有錢，早在十年前，他的名字及企業公司股份的市場估值就超千億元，他得到的獎金也不少。

但袁隆平並沒有把這些名利當回事，他更願意稱自己是農民。他的錢只是名義上的估值，而不是真的「有錢」；他的獎金都放到基金會裡去了；他買的衣服都不貴，甚至十五元的襯衫也很喜歡；他的手錶兩百六十元，鞋子一百二十元；他換了幾部車，都是十萬元以下的車；他十六年堅持光顧長沙的一家小理髮店。

袁隆平說，要說完全不在意名利是不可能的，但要淡泊名利，對物質別要求太高，一千多元的衣服和五十、六十元的衣服沒什麼區別。

人生就像減法，過一天，少一天。過得好不好、舒服不舒服，全在內心感受。所謂「大道至簡」，人生最精采、最迷人之處便是學會刪繁就簡，樸素生活：

不是所有的東西你都需要，要學會扔掉；

不是所有的關係你都要維護，要學會斷掉；

不是所有的念想都要實現，要學會除掉；

不是所有的名利你都要得到，要學會看淡。簡單、自然、淡泊才是世間最美的存在。

世路無窮，勞生有限。唯有追求簡單，才可以舒服坦然。

不斷做減法，放下勞神的東西，為心靈洗滌，這時，你會發現，原來簡單才是人生最快樂、最幸福、最難得的。

別太相信交情，
再好的朋友也要有距離。

3. 真正的強者，敢於獨來獨往

這個世界很公平，你的能力有多強，人脈就會有多廣。
別再幻想別人拉自己一把。
——耕農

提起獨來獨往，很多人第一印象就是「不合群」。莊子說：「獨往獨來，是謂獨有。獨有之人，是謂至貴。」

所以，獨來獨往也好，不合群也罷，其實從另一方面來看，都是強者的行為方式。觀察身邊的人，你會發現，越是弱小的人，越喜歡和別人湊在一起，反而是那些內心和實力真正強大的人，總喜歡獨來獨往。

你被邀請到一個聚會上，跟一群陌生人噓寒問暖，全程笑臉相迎，互相說著客套話，敬酒、互加好友、留電話號碼，但是三天之後就記不清對方是誰……把這種低品質的社交稱為「無效社交」，再合適不過了。

那些總把精力消耗在「無效社交」上的人，不是為了填補內心的寂寞，就是為了掩飾自身的無能。

他們看似朋友遍天下，臉書好友加了好幾千人，心裡苦悶時卻找不到一個人傾訴；他們看似人脈廣泛，認識各種神人大咖，需要幫助時卻沒人肯伸出援手。

中國學者周國平的一段話一針見血：「熱衷於社交的人往往自詡朋友眾多，其實他們心裡明白，社交場上的主宰絕對不是友誼，而是時尚、利益或無聊。真正的友誼是不喧囂的。」

強大的人懂得這個道理，所以早就放棄了無效社交。

很多人總害怕「不合群」，以為「朋友多好辦事」，於是為了合群而合群，馬不停蹄的去趕赴一場又一場熱鬧與繁華。而強大的人明白：世界是自己的，與他人毫無關係；與其花費時間與精力在酒桌上觥籌交錯，去結交一些無關痛癢的朋友，還不如學會好好與自己相處。

這個世界很公平，你的能力有多強，人脈就會有多廣。與其沉迷於垃圾社交，幻想別人拉自己一把，不如學會靠自己的力量站起來。

中國作家魯迅說：「猛獸是單獨的，牛羊則結隊。」

放棄那些無用的社交，提升自己，你的世界才能更大。

獨來獨往，是活出真我

獨來獨往，不是桀驁不馴，更不是狂妄自大，而是在人來人往的生活中，能始終保持清醒，聽取內心的聲音，遵從內心的選擇。

宋元之交，世道紛亂。這天，炎熱乾燥，許衡[15]外出，口渴難耐。正好路邊有一棵梨樹，路過的行人便紛紛去摘梨，只有許衡不為所動。

有人便問：「何不摘梨以解渴？」許衡回答：「不是自己的梨，豈能亂摘？」那人笑道：「現在是亂世，管它是誰的梨。」許衡正色道：「梨樹沒有主人，但我

15 元代理學家、教育家。

的心難道也沒有主人嗎？」

獨來獨往是一種姿態，是一些人行走於紛繁世間的姿態。不急不緩，享受一季花開的明媚，守候一季飄雪的純澈；不被浮名蒙蔽雙眼，不讓虛偽遮住心靈。

獨來獨往更是一種勇氣，不隨波逐流，不會人云亦云，在紛擾的現實生活中，保持著自己的心性，用孤獨和寂寞面對現實，他們只是更清楚的知道，自己想要的是什麼。

獨來獨往的人，謙恭、溫雅、與世無爭，但他們有傲骨、有鋒芒，自己始終清楚自己的方向，一直前進。

對絕大部分的人來說，不必刻意合群，當然也不必為了自命不凡，而特意不合群。

正確的做法是，能合群則合，不能合群則散，既不能隨波逐流，也不要自命不凡。**獨來獨往，只是人生的一種表現形式，跟性格沒有關係。**

與其合群一起庸俗，不如獨處選擇孤獨。

刻意合群，是弱者才有的生存憂慮

其實，**被群體排斥、孤立，只是一種弱者才有的生存憂慮**，弱者無法面對被群體排斥帶來的風險。在遠古狩獵採集時代，我們的祖先面臨著嚴酷的生存考驗，大自然中毒蛇猛獸橫行，沒有群體合作，個人單打獨鬥，很容易死在野獸的獠牙下。於是，越是弱者，越要拚命一起行動。這是祖先們傳下來的生存方式。

如今的人們同樣如此，越弱小的人，越害怕被群體拋棄。

中國建築學家、作家林徽因說過：「真正的淡定，不是避開車馬喧囂，而是在心中修籬種菊。如果想衡量一個人的內心有多強大，就看他能不能一個人獨處。」

和別人在一起，我們總處於社會狀態；只有在獨處時，才能真正的發現自己，認清自己，回歸真實的自我。

獨處是一個人最好的增值期。一個人的人生高度，往往取決於獨處時的品質。如果在獨處時，只是聽歌、玩遊戲，而不做任何有意義的事，那這樣的獨處毫無意義。真正有意義的獨處，應該是透過不斷學習，來提升和充實自己，應該是回過頭來認真的思考，回頭看看你走過的路，並認真思考它帶給你的經驗教訓。

真正讓你強大的，是在獨自思考和學習中的沉澱和進步。

在娛樂圈裡，陳道明是個偏愛獨處的人。閒暇時間，他極少參加應酬，而是會坐在只能看到天空的窗前彈鋼琴；或者想想自己拍戲的經歷，靜靜的揮筆作畫。這樣的生活，他覺得舒適又恬靜。在接受採訪時，陳道明說：「獨處是一種美德，可以讓人內心得到淨化。」

豐富自己，遠比取悅他人要有意義得多。不必在意別人的眼光，在獨處中積蓄力量，不斷變強，才能綻放屬於自己的光彩。

”
獨來獨往，只是人生的一種表現形式，跟性格沒有關係。
“

4. 大家都想斜槓，我卻崇拜匠人

身處在物質社會，貪心一點沒什麼不好的，
但前提是：你得負荷得起你的欲望。
——慕容素衣

要說近年最受人們追捧的生活方式，莫過於斜槓了。這是一個流行跨界的年代，越來越多的人身兼數職，下班後還不忘開發自己的斜槓能力。於是，我們會看到，一個熱門暢銷書作家有可能是民謠歌手，一個沒沒無聞的上班族，到了晚上，搖身一變，成了直播界的網紅，一個茶水間的大媽同時在經營微店（按：微信的網路商店）。

那種一生只做一件事的想法已經完全落伍，一項工作或者一種身分，已經完全滿足不了二十一世紀的現代人了，大家恨不得學孫悟空七十二變，開發出越來越多的技能，在不同的身分間自由穿梭。兢兢業業做著一項工作的老實人，都不好意思跟別人說，怕說出去後，落入被鄙視的底端。

如果說，一種身分就等於一樣標籤的話，那麼這年頭，你身上擁有的標籤越多，就越有可能被人膜拜。微博上有句話是這樣說的：「不想當段子手[16]的歌手不是一個好明星。」確實，要是歌神張學友晚出生數十年，論人氣，他未必拚得過其他人，誰叫他除了會唱歌之外，不會寫段子，也不會營造人設。我們迎來了一個綜藝時代，光憑一招打遍天下已經不太可能了，出來混，可以涉足的領域一定要涉足一下，可以賺到的錢一定不能錯過。

在這種潮流之下，當我聽說認識的某位女性關閉了微店，停止更新公眾號，連中國廣播分享平臺喜馬拉雅的節目也不大更新，一心一意只畫插畫時，確實有些震驚。當時我也正面臨著人生道路的選擇，便特意找她聊天。

以前，這位女性可說是那種人人稱羨的斜槓青年，天生藝多不壓身，畫得一手

16 寫段子的人，現泛指好用俏皮話、雙關語的人。

好畫、寫得一手好文章。人長得眉清目秀，屬於平實內斂的類型，隨便發張素顏照，就能秒殺很多網紅。她的聲音也很動聽，沙沙的，有種特別慵懶的性感，在喜馬拉雅上有一群死忠粉絲。

擁有這麼多才藝，不發揮出來的確可惜了。抱著這種想法，有那麼幾年，她一下子擁有了多重身分：在廣播界，她是小有名氣的網紅主播，每週會錄一、兩次廣播節目，還一度客串電臺嘉賓；在插畫界，她的古風插畫很受歡迎，一年到頭約稿不斷；她開了一個公眾號，發發平常自己寫的文章，再配上精心繪製的插畫，很快就擁有了數萬粉絲；有粉絲想購買她的畫，於是她索性又註冊了一個微店，專門用來出售自己的作品。

不得不說，斜槓的好處是很明顯的，一加一的結果遠大於二，她所跨的行業越多，得到的利潤也就越多，微店蒸蒸日上的營業額和公眾號日益高漲的廣告收入足以做證。這種生活看上去真是光鮮極了，每次做自我介紹時，她每多報出一個頭銜，感覺對方的眼神都亮了幾分。

但是同時，斜槓的壞處也是很明顯的。人的精力總是有限的，那幾年裡，她把自己忙成了一個陀螺。最忙的時候，一天的睡眠時間只有四、五個小時，黑眼圈重到用再昂貴的粉底也掩飾不了；洗頭的時候，頭髮大把大把的往下掉。

「那時我覺得自己就像穿上了童話中的紅舞鞋，怎麼也停不下來；又像是有個人在後面揮舞著小鞭子對妳說，不能停，一停下來，妳就完蛋了。」和她聊了之後，我才知道，原來看上去一直雲淡風輕的她，竟也有過如此焦頭爛額的時刻。

為什麼不停下來休息一下？

她坦白的告訴我：「可能是我太貪心了，什麼都捨不得放棄、什麼錢都想賺、什麼都想做好。」

身處在這樣一個物質社會，**貪心一點沒什麼不好的，但前提是，你得負荷得起你的欲望**。有那麼一陣子，她真的感覺就要被自己的欲望壓垮了，想要的東西那麼多，可是精力卻遠遠跟不上。之所以還死撐著，是因為她告訴自己：「別人可以做到的，我也可以做到。」的確，有那麼多人在各個行業之內穿梭如風，還顯得那樣遊刃有餘，別人可以，憑什麼她不可以？

「後來我才發現，別人能夠做到的，我真的做不到。流行的未必是合適的，我真的不想再做個流行的斜槓青年。」經歷了一番掙扎之後，她突然領悟到了斷捨離的智慧，除了最愛的畫畫外，其他的暫且放在一邊。

這樣做當然會有很大的損失，很直覺的來看，賺的錢比以前少多了，那她會不會覺得很可惜呢？

「並沒有。」她對我說：「我這樣說可能有些矯情，但我真的覺得，儘管我損失了一些金錢，卻獲得了心靈上的寧靜。**與其花那麼多時間去同時做幾件事，不如集中精力去做最擅長的那件事。**」

她的話引起了我深深的共鳴。世界上有兩種人：一種是可以一手畫方，一手畫圓，同時做兩件事，甚至若干件事而絲毫不亂的人；另一種卻是只能在一段時間內做一件事的人。我和她屬於後一種人。若干年前，我和她有過類似的處境，結果也做出了類似的選擇，我們的力氣好像只夠做好手頭的那件事，沒辦法像很多人那樣在各個領域內轉換自如。

當然，若是拚盡全力也不是不可以的，只是那樣的話，自己會搞得很累。我的一個朋友開了公眾號，卻在自媒體熱的時候，毅然決然的關掉公眾號，去寫小說，她說那樣雖然錢賺得慢，可是落得自在。也許賺的錢會縮水，但是至少在賺錢的過程中，她覺得享受多了。

人生這麼難，是因為你總想學別人活

關於賺錢這件事，以前我總覺得，別人能賺的錢，我也能賺到；人家能過上的生活，我也能過。但是近年來，生活教會我的一個道理就是：**有些錢我真的賺不到，有些生活我真的過不了**。

你用什麼方式賺錢，過上什麼樣的生活，最終和你是什麼樣的人有關。某些人賺得很輕鬆的錢，對於另外一些人來說，也許格外艱難；某些人過得如魚得水的生活方式，對於另外一些人來說，可能分分鐘鐘都是煎熬。

現代人的煩惱大多來自選擇太多，欲望過盛，從而缺乏專注和深入的能力。

用直白的話來說就是，錢這種東西是賺不完的。換句話說，你不能什麼錢都想賺，更不能什麼都想要。奧地利作家托馬斯・伯恩哈德（Thomas Bernhard）有句經典名言：「**每個人都有他自己的路，每條路都是正確的。失敗者的不幸在於他們不想走自己的那條路，總想走別人的路。**」請允許我修改一下，姑且改成：「每個人都有他自己的賺錢方式，痛苦者的不幸在於他們不想用自己的方式賺錢，總想學別人那樣賺錢。」是不是也很貼切？

我雖然是一個金錢主義（Money worship，又稱拜金主義）者，但同時我有個原則，那就是不賺讓我感覺非常不爽的錢，如果做某件事能賺到一筆錢，但這件事嚴重干擾了我內心的平靜的話，那麼我寧可不賺這筆錢。當然，這麼做的前提是，還有其他的賺錢管道。再怎麼說，要是被生活逼得走投無路，再讓我感覺不爽的錢，我也會硬著頭皮去賺。

寫了這麼多，並不代表我反對斜槓。現代生活的好處就在於它能夠為你提供多種可能性，斜槓之所以這麼流行，正因為它為人們提供了另一種生活的可能，讓你不至於被某種身分束縛住，這是它的積極意義所在。但倘若把這種生活方式奉為圭臬，轉而瞧不起那些專注某行某業的人，大可不必。

一生能做好幾件事自然很厲害，但一生能做好一件事同樣很了不起，這需要日復一日的付出和水滴石穿的耐心，還需要懂得減法人生的智慧。

最近，我看了一部紀錄片，叫《了不起的匠人》[17]。和流行的斜槓相比，我更喜歡聽上去有些過氣的「匠人」。

所謂「匠人」，是那種看上去有些「不合時宜」的人。例如，在藏傳佛教印經中心德格印經院刻了一輩子經的藏族男孩彭措澤仁、有一家三代從事製鼓行業的王錫坤、立志於讓漢服在現代「復活」的小夥子鍾毅、一件高仿宣德爐[18]可以拍賣出八十萬天價的「中國銅爐第一人」陳巧生，以及從十幾歲就開始愛玩泥巴的製陶

17　由知了青年文化有限公司領率各攝製組，遠赴中國各地及香港、臺灣、日本等亞洲地區拍攝而成。

18　據傳是明宣宗在一四二八年（宣德三年）特製的銅器，既有郊廟等大型祭祀和宗教活動的禮儀用器，也有日常生活的陳設器。

老人羊拜亮。

這些匠人來自不同領域，從事著不同的行業，但他們有一種精神是共通的，就是他們的自信與堅持。在他們身上，我們可以看到，所謂匠人精神，指的並不僅僅是一種技術、一種工藝，它更是一種理念、一種情懷。他們真正熱愛著他們所從事的行業，不管這行業是否已逐漸走向沒落。

在旁人眼裡看似枯燥無比的生活，他們卻樂在其中，每一秒鐘都沉浸其中，每一分鐘都在琢磨，該如何把自己喜歡的事情做到極致。

從這個角度來說，他們不僅是匠人，也是「強人」，憑著這份倔強，他們耐住了寂寞，抵擋了歲月，製作出了真正經得起歲月考驗的工藝品。他們在自己身上克服了這個時代。有時候，我覺得，任何行業都需要有一點匠人精神。

用一輩子做好一件事，
是你最認真的倔強。

5. 如果可以，我想把生活裝進兩個行李箱

比起盲目購買，我更想珍惜附著在每一件物品上的情感連結，心無罣礙，能隨時出發和停留。

——夏小白

我和大多數獨自在城市打拚的人一樣，沒買房，眼下也買不起高級地段的房子。換句話說，我在上海沒有固定的住處，每次因工作變動或房租上漲而搬家令我最頭疼。

家裡囤積的東西太多了，衣服、鞋子、包包、書、還沒拆封的化妝品、原本就有的小家電，以及一些當初不知道為什麼要買，以為很有用，其實沒派上什麼用場，買來以後卻沒用過的東西。

以致每次打包到最後，我便會一臉頹然的坐在地板上，心情比鉛球還沉重。

每每望著一屋子的狼藉、堆滿桌子的化妝品、掛滿衣架的包包，我總覺得自己像隻被女巫詛咒而困在古老城堡裡的大笨龍，看似屁股底下有幾輩子也用不完的金銀珠寶、很富有，但那些東西只是帶不走的負累罷了，遠沒有能隨時出國玩來得爽快。

我經常恨不得把所有的東西打包送人或扔掉，只留下錢包、身分證件、手機、電腦和幾件當季衣服，好輕鬆的拎包入住新租的房子。

我承認，最開始物欲上的滿足和物質上的占有是快樂的，可當你本身處在一種不安定的生活狀態下且經常搬家時，物品的囤積，尤其是體積、重量很大的物品，無疑是一種巨大的負擔。

如果可以，我想把我的生活裝進兩個行李箱裡，說走就走，沒任何負擔。

幾乎每個女生家裡，都有堆滿了化妝品的化妝檯，我也不例外。

我租的房子沒有化妝檯，於是我就從網路上買了一張書桌當作化妝檯，我眼見它被堆滿的化妝品壓彎，從平地變成了肉眼可見的小盆地。可是，我真的需要那麼多東西嗎？

就拿口紅來說，理論上，一支口紅能用半年左右，使用頻率低的話，甚至能用到一年以上。我的口紅架上有二十多支口紅，涵蓋各大品牌，受網路行銷和當季潮流的影響，每一季還會買新的色號。每次化完底妝，站在它們面前挑選色號的時候，我都不免恍惚幾秒，哪怕我有十張嘴每天用，也用不完這些口紅，無法保證每一支都物盡其用。

一只包，不管是小羊皮、牛皮，還是帆布包，不管是國際大牌，還是國內小眾品牌，它們都還算耐用。使用得當的話，五個包包就能打理人生的絕大多數場合（通勤、約會、旅行、自習、購物）。但就算我處理掉一部分的包包，還有十多個包。鞋子就更不用說了，就算有三十雙鞋，每一季經常穿的也絕對不超過五雙。

洶湧澎湃的購買欲到底從何而來？

出於比較心理嗎？所以，明明用不了那麼多東西，卻一直瘋狂的買不停？

問了身邊幾個女性朋友，她們的處境跟我差不多，大家似乎被消費主義和網路行銷洗腦了。

人生需要的不多，只是你想要的太多

上半年有五一和六一八購物節，下半年有雙十一、雙十二、聖誕節、過年，其間還夾雜著各種名牌日、店慶、週年慶等，購物平臺和商家處心積慮把所有的日子變成「刺激消費的購物節」，社交媒體和網路到處宣揚消費主義：天哪，這支口紅太美了，塗上它，你就是瑪麗蓮・夢露（Marilyn Monroe）；塗上那支以後，簡直就是奧黛麗・赫本（Audrey Hepburn）本人；這個色號是明星同款，你一定要買它……不論什麼季節，都有人向你推薦流行穿搭、時尚配飾，你還沒掌握當季穿搭的要領，商場和網店已經上架下一季的潮流穿搭了……潮流快到你根本追不上。

狡猾的品牌、商家和網紅們尤其擅長販賣「外表焦慮」、「身材焦慮」，把你的戀愛運氣、社交圈、職場發展和人生軌跡分別貼上標籤，然後再告訴你通用的解決方案——花錢購物，買買買。

當你覺得自己很糟糕，被某種焦慮、恐懼所支配時，錢就進了商人的口袋，這條準則，全球通用。

在BBC紀錄片《無節制消費的元凶》（*The Men Who Made Us Spend*）裡，心理學家克勞泰爾・拉派爾（Clotaire Rapaille）指出，人類的原始欲望決定了有意識的選擇，如果能破解潛意識的密碼，就能找到把東西賣給客戶的最有效方法。

他曾擔任家樂氏、通用菸草巨頭菲利普莫里斯（Philip Morris International Inc.，簡稱PMI）國際公司的顧問，長達三十年的工作時間裡，他戰績斐然，擅長操控人心，將人類心理上的恐懼轉化成凶猛的消費力。

「打折促銷、限時搶購」像鬧鈴一樣催著消費者下單支付。高明的行銷手段讓很多人錯把消費當品味，以為背名牌包、穿名牌衣服就是品位高的象徵；頻繁出入高檔消費場所就能讓人多看幾眼。這實在是大錯特錯。

如果不想掉進商家的圈套，不喜歡被別人左右，就應該著眼於自身實際需求，反消費主義，理性消費。可偏偏消費又能夠刺激多巴胺（dopamine）分泌，讓人產生愉快的情緒，很難抑制。

就拿我的朋友安妮來說，她是公關公司的經理，時下典型的都市精英。

你永遠能在她身上找到最新的潮流元素，亞曼尼（Armani）還沒大量請網紅做行銷的時候，她就塗著該品牌的口紅去約會；知名女明星背蔻依（Chloe）小豬包（按：因與品牌名稱 drew 發音相近）沒多久，她就背著同款，出現在某個富二代朋友的生日派對上；別人還不知道 Jo Malone 藍風鈴香水的時候，她已經用膩了，擱在化妝檯上讓它積灰塵；別人還沒搞清楚玻尿酸和菸鹼酸的區別，她已經升級到果酸換膚模式了。

粗略算來，這兩年，她花在化妝品、護膚品、包包、配飾和微整形上的錢，有幾十萬。

她一年的薪水和年終獎金加在一起，有二十萬元左右，可工作好幾年了，銀行的存款卻不超過五位數，每個月收到薪水，第一件事是還信用卡。

本來女生經濟獨立，不靠男人，不靠家裡，自己賺錢自己花，這無可厚非。安妮一直這麼心安理得的過著炫富的小資生活，直到她爸爸意外摔傷住院，她連兩萬元的住院費也拿不出來，只能四處找朋友借，她這才意識到問題的嚴重性。

工作這幾年，她一個人在上海，表面無比光鮮，咖啡美酒、派對旅行，除卻瘋狂熬夜加班的日子，剩下的時間裡，應酬跑趴，花錢毫不顧忌，不了解她的人以為她是「白富美」，最不濟也出生於小康家庭。

但其實，她的老家在北方一個窮困小城的普通家庭，父母早年退休以後，就沒有穩定的收入，靠打零工過生活。她大學時代最潦倒的時期，吃泡麵就配榨菜；日盼夜盼獎學金，只靠家教補貼生活費。但只要她以前花錢注意一點，別說兩萬元醫藥費了，鄉下一套房子的頭期款都存夠了。

從那次以後，安妮痛定思痛，決心改頭換面，重新做人。

憋了好幾個月沒買一件新衣服，沒有任何衝動購物，也不怎麼趕潮流了；減少聚餐、戒外食，一有空就自己煮飯吃；把信用卡欠的錢一次還清了，又下載了記帳的APP，記錄每一筆錢的進出，每月開始強制儲蓄薪水的三〇％。

上一次我和她聊天，她強調了好幾遍：「我以後再也不亂花錢了，真的，我把小紅書[19]也卸載了。從今天開始，我要好好理財，以賺錢為動力，把存錢當興趣，要不然，抗風險能力太差了，人生在世，沒錢就沒尊嚴啊，再也不想硬著頭皮跟人借錢了。」

安妮已經從盲目消費的坑裡走出來了，但很多人還沒有。

那些天天對你鼓吹要消費，我要的現在就要，不顧現實，只管今朝有酒今朝醉的人是在害你。美妝博主和商家才不會為你打算，他們所鼓吹的新產品、新技術、新潮流，九九%是出於賺錢的立場，你可千萬別信以為真。

別讓錢包被鼓吹消費的資本家們掏空了，手有餘錢很重要，你永遠不知道什麼時候要用到錢，**人到了一定年紀以後，最大的安全感來自銀行裡的存款和餘額**。越是經濟不自由、名下沒有房產的人，越要保證物欲上的輕盈，保持隨時能爽快離開，在哪裡都能瀟灑的重新開始生活的資本。

我從來不反對必要消費，也不提倡「極端極簡主義[20]」（minimalists），一口氣把能扔的東西都扔了，結果下次要用了，還是得重新買，耗時又耗錢；也不提倡為了每月省點錢，就勒緊褲腰帶，飯也不好好吃，把日子過得苦哈哈的。

賺錢不就是為了花嗎？人生在世，除了追求某些意義以外，不就圖個開心嗎？

---

19 中國網路購物和社交 APP，功能類似 Instagram。

20 指極簡生活，以「擁有質量、而不是追求數量」為原則，最先盛行於日本。

我真正反對的是欲望與經濟水準不符合的超前消費，和被行銷洗腦、出於比較心理瘋狂買不停的購買欲。

一個成年人得知道自己有幾斤幾兩重，應當選擇最適合自己的生活方式和消費方式。

梭羅在《湖濱散記》裡說：「我願意深深的扎入生活，吮盡生活的骨髓，過得扎實簡單，把一切不屬於生活的內容剔除得乾淨俐落，把生活逼到絕處，用最基本的形式，簡單、簡單、再簡單。」

而我想說，我熱愛生活，但我不願被生活和物質所綁架；我渴望飛翔，有輕盈的翅膀和適度的物欲，希望能對每一件常用的物品和它的歷史如數家珍。

比起盲目購買、囤積，我更想盡情發揮每一件物品的使用價值，珍惜附著在每一件物品上的情感連結，心有所想，心無罣礙，能隨時出發和停留。

“當你被某種焦慮、壓力所支配時，錢就進了商人的口袋。”

6. 人生最美好的，就是你活成了年少時最喜歡的模樣

世上最美好的不是模仿誰的生活、不是最後擁有了什麼，
而是你活成了你最初喜歡的樣子。

——易小宛

那天，看到韓國歌手權志龍在演唱會上與八歲時的自己合唱。演唱會開始之前，大銀幕裡出現了八歲的權志龍。彼時，他正在參加一個電視節目，主持人問他：「你叫什麼名字？」他回答：「我叫權志龍，今年八歲，想當一位饒舌歌手。」然後八歲的權志龍表演了一段 Rap。

當臺上二十七歲的權志龍和影片中那個八歲的自己合唱時，臺下的觀眾一片沸騰，那種感覺讓人震撼。

一個人能一直不忘初心，堅持夢想，或許這才是夢想最閃耀的光芒。坐在我旁邊的安欣也跟著他們合唱起來。結尾的時候，她笑起來，我卻隱約看到她眼中的淚。安欣是個很精緻的女人，無論走到哪裡，安欣都帶著一種與眾不同的氣質，別人羨慕她的時候，卻不知道她的氣質來源於經歷。

安欣出生於一個普通家庭。母親有輕度癲癇、父親左腳殘疾，只能依靠資源回收和政府補貼來維持家計。比窮人更窮的大有人在，比苦難更苦的其實很多，但安欣並沒有因此覺得自己命運悲慘。

安欣六歲那年，某一天，父親從垃圾堆裡撿回一雙破舊的小舞鞋。這雙小舞鞋或許就是她夢想的開始吧。

六歲的安欣穿著那雙小舞鞋，在僅僅十二坪的家裡，看著那臺十四英吋的老舊黑白電視機，裡面播放的正好是一個兒童舞蹈類節目。小小的她激動得一晚上沒睡，盼著第二天再跟著電視機裡的孩子們一起跳舞。那一晚，安欣覺得窗外的星星格外亮。

後來，安欣上了小學，家裡條件不錯的同學可以報舞蹈班，但安欣只能每天回家幫爸爸餵家裡的豬。餵完豬之後，她才能在豬圈邊練習舞蹈的基本功——壓腿、壓肩、推腳背、劈腿跳、大踢腿、下腰。伴隨著豬的哼哼聲，安欣體會到更有趣的舞蹈世界。

十六歲的時候，安欣的舞蹈已經跳得非常好，並有幸得到了一位音樂老師的資助——幫她報名舞蹈比賽。拿著僅有的一百五十元，安欣坐上了火車，前往她從沒去過的大城市。那是安欣第一次坐火車。她覺得窗外的一切都是新鮮的，甚至恨不得在擁擠的人流中翩翩起舞，那種興奮的感覺蓋過了車廂裡的喧鬧和各種混雜的味道。到了參賽地，安欣拿出了媽媽親手縫製的新T恤，並且在跳舞的時候穿上它。可是等她跳完的時候，評審只說了一句：「底子不錯，但是缺乏創意，以後好好加油吧。」

那天安欣有點失落，但更多的是走出家門的興奮，也就在那一天，她暗暗下決心：一定要走出雲南大山，跳舞給更多人看。

回到家鄉後，安欣除了讀書，就是認真練舞，為了一個動作，她可以練到雙腿發麻。

十八歲的時候，安欣如願考上了外地一所知名的藝術學院。但是高額的學費令她不得不放棄。她沒有辦法繼續依靠父親那雙已經蒼老的手去追求夢想。

可是，堅持了那麼多年，她怎麼甘心停下跳舞的腳步？既然不能去外地上學，她就報名參加了當地的文藝團隊，經常跟隨文藝團隊到大街小巷演出。雖然報酬很少，但也能幫家裡減輕負擔，還能盡情釋放自己的舞蹈夢。

在生活與夢想之間……

二十歲的時候，安欣在一場下鄉演出中，憑藉著自編自演的舞蹈感動了在場的所有人，她也因此得到了一位企業家的資助——出國三年所有的學費以及必要的生活費。安欣得知這個消息的時候，抱著媽媽哭了。

在國外的那三年，是安欣最幸福、也最辛苦的三年。她可以在舞蹈學院老師的指導下，優雅的起舞。但因為她沒有任何外語基礎，完全無法和別人交談，所以每晚十二點到凌晨三點，就是她打開二手電腦學習英語口語的時間。白天沒有課程的時候，她就去餐廳洗碗、幫蛋糕店發傳單、為社區居民送報紙。

雖然每天很累，但是安欣覺得那三年是她收穫最多的日子——從一個英語單字也不會讀，到能流利的和老師對話；從編排到表演，不僅融入了中西方文化的精華，整個人的氣質也漸漸變得更優雅。

回國之後，安欣應聘成為一所藝術學校的老師，她想把舞蹈的精髓傳達給更多熱愛舞蹈的孩子。在課餘時間，她則穿著旗袍去參加各類聚會，讓生活變得豐富多彩起來。然後，她還用積蓄買了一套公寓給爸媽。

她看到爸媽滿頭的白髮，突然想到了自己小時候捧著爸爸撿來的舞鞋的情景。她在心裡慶幸，好在爸媽還在她的身邊，在他們變得更老之前，她終於把自己變得更加強大了一點。

我們每個人都有過最初的夢想，但是到最後，又有多少人還在堅持著？也許有人會覺得，夢想可以當飯吃嗎？有人會感慨，如果連最基本的生活成本都支付不起，又怎麼談論遙不可及的夢想？

或許此刻的你生活拮据，或許此刻的你覺得自己很卑微，或許此刻的你失落迷茫……有多少人被現實消磨，而不得不去做自己不情願做的事情。

我們總覺得夢想太遙遠，在浩瀚的宇宙中，我們渺小如塵埃，可是，那又有什麼關係？

我們來到這個世界，不就是要**成為自己喜歡的人，創造屬於自己的幸福嗎？**

縱使十年飲冰，也難涼熱血。夢想很遠，現實慘澹。也許此刻的你感到許多涼意，但是只要你默默的努力，堅持做自己，總有一天，你會感受到陽光帶來的溫暖。做任何事，都不要忘了初衷。

世上最美好的不是模仿誰的生活、不是最後擁有了什麼，而是你活成了你最初喜歡的樣子。

”
世上最美好的不是模仿誰，而是不被現實消磨，成為你自己最喜歡的樣子。
“

7. 即使傷心難過，也要好好吃飯

只有食物，可以抵抗全世界所有的悲傷和迷惘。

——于非讓

《孤獨的美食家》[21]這部日劇開場說了一句話：「不被任何人打擾、無需顧忌的大快朵頤，這種孤高的行為，正是現代人被平等所賦予的最佳治癒。」其實這種治癒追求的無非是隨便、簡單、溫暖、私密。

在日劇《四重奏》[22]裡，有一句臺詞引發很多人的共鳴：「哭著吃過飯的

21 由日本漫畫家久住昌之原作、谷口治郎作畫的一部漫畫；電視劇則由二〇一二年起開始播放，由松重豐主演。

22 二〇一七年一月起於日本TBS電視臺播出的電視連續劇，由松隆子主演。

人，是能夠走下去的。」

貧困時的食物也能給生活帶來遐想和奔頭。因為只要認真好好吃飯，人總是有希望生存下去。熱呼呼的食物有一種發燙的能量，正是這種溫度暖了腸腹。

雖然笑著吃飯可以暖心，但哭著吃飯也可以暖胃；**不管怎麼樣，認真將食物吃進去，就能讓你保持足以奔跑的能力**。

還記得高三的時候，隨著老媽的一聲吆喝：「吃消夜啦！」全家便有說有笑的圍到桌旁。有時是清潤的百合蓮子羹，有時是清淡味美的山筍烏雞湯、鮮菇魚片粥，或是其他。那個橄欖油爆鍋的聲音彷彿還在耳邊迴響，我一直忘不了從前家裡灶臺上氤氳的熱氣。

然而，來北京工作後，我經常沒時間吃晚飯。有時候急著趕車，就拎一份便當回去了。每天夜幕降臨，城市的燈火初上，正是我在公車上、地鐵上被擠得直冒冷汗的時候。人頭攢動，每個人義無反顧、面無表情的往前走著。

回到宿舍，已經頭昏腦脹。夜裡十點多，連一口東西也沒有吃上。在冷冷清清的出租屋裡，我也不知道這樣的日子，自己還能堅持多久。

大多數時候，我只能吃外食，餓了先填飽肚子再說。可是有一天，我終於忍著胃痛，在樓下買了一點肉和米，給自己熬了一鍋粥。喝完，胃竟然不疼了，感覺渾身熱呼呼的，很舒服。於是，每晚回去，我都給自己熬點粥，然後小口喝光。那時，內心漸漸堅定，在異地他鄉的這塊簡陋空間裡也安下心來。

在那段初涉職場的艱難時光裡，那些溫熱軟糯的米粥，在某種程度上，讓我不再想家和難過，不再覺得自己對這個世界無能為力。

那碗熱粥復甦了我在異地他鄉一路踉蹌落魄的靈魂。

美食作家韓良露曾說過：「**人生和舒芙蕾一樣脆弱，只要接受生命的本質，不斷的接受挑戰，總有機會暫時遇到完美的生活。**」

所有破損的傷口都會在食物的貼心調理下，不知不覺的癒合。生命的本質固然是脆弱的，卻能不斷在採集能量中獲得新生。

不管是冷的熱的，一簞食、一瓢飲，認真的享用，這就是食物的治癒。

即使傷心難過，也要好好吃飯

不知道從什麼時候開始，我們總是被生活搞得疲憊不堪，連吃東西也只是應付了事，甚至人也變得死氣沉沉。「吃」成了可有可無的存在。我們總是以最普通的身分過著最煎熬的日子。

我朋友的三姨，夫妻感情不好，平時也不怎麼見面，只有吃飯的時候，家裡人圍在桌前說兩句話，平時家裡大小事也是在飯桌上討論。常常在晌午，飯香飄滿弄堂的時候，他們家一言不合，就摔碗、砸桌子。

不吵架的時候，飯也隨便吃，孩子玩手機、大人談工作，一言不合，撂下筷子，摔門就走。常常一頓飯下來，孩子哭、老婆叫、男人咆哮。

每個人都覺得生活處處被逼迫，雞飛狗跳，無法喘息，每個人都揣著怒氣，天長日久，就算鐵打的胃也受不了這樣的折騰。生活徒有美麗的色彩，他們卻活得十分麻木。

這倒令我想起另外一個故事。在日本福岡，有一個媽媽千惠在女兒四歲的時候，乳腺癌擴散，於是千惠做了一個決定。她說：「死之前，我完全不知道該給女兒留下什麼，想了想，我只能教會她煮飯、照顧自己，讓她即使自己一個人，也能好好的活下去……。」

之後，千惠開始每天教阿花如何拿菜刀、洗菜、煮飯，尤其是糙米飯和味噌湯。沒有一天例外。千惠不斷的對阿花說：「阿花，妳跟媽媽約定，好嗎？無論是吃飯，還是煮飯，都不能隨便。所以，首先妳要做好味噌湯。然後，再努力做其他的東西。懂了嗎？」

於是，「好好煮飯、好好吃飯、好好生活」，阿花牢牢記住了媽媽的話。

等阿花大了一點，她也沒有忘記與媽媽的約定：每天早上做一碗味噌湯。漸漸的，她終於能獨立照顧自己了。

阿花上國小四年級時，給天堂的媽媽寫了一封信：「阿花有件事想告訴妳喔，所有的便當我都會自己做了！媽媽很吃驚吧？有一次，爸爸喝多了酒，想睡覺，沒辦法幫我準備便當。於是，我就趁爸爸洗澡的時候，蒸了米飯，菜是奶奶教的玉子燒和爸爸教的青椒炒肉。米飯上還撒了魚粉拌紫菜哦……。」

阿花一直沒有忘記媽媽的教導：**即使傷心難過，也要好好吃飯**。

吃不僅是千惠給阿花日後勇敢生活一種取之不盡的力量，也是一種修復。修復著孩子因母親早逝帶來的缺憾。

香港著名美食家蔡瀾說過：「**好的人生，從好好吃飯開始；好好吃飯，就是好好愛自己**。」

純手工的芝麻酥脆而不黏，心情不好的時候來幾顆，療癒自己；一盤苦瓜炒雞蛋清熱敗火，解心中煩膩；老街的酸梅汁酸酸甜甜，解暑開胃；麻辣小龍蝦，辣出淚水，再灌兩口冰爽的啤酒……酸甜苦辣鹹，每一口吃下去都是滿滿的人情味。

食物是既暖心又暖胃的東西，無論是一鍋寂寞關東煮，還是幾卷銷魂玉子燒，那都是真真切切的生活。它安安靜靜，充滿著我們需要的各種味道，**從來不會拒絕孤獨和失敗的人**。

當盤中餐一點點被吃下去，食物給疲憊追逐的自己帶來了溫暖和力氣，那就是最好的撫慰。吃了喝了，寒冷和飢餓緩解了，然後再衝進名利場，搏擊廝殺，把這一生的瑣碎和煩惱當成飯菜一樣咀嚼。

人生的美好果然應該從認真吃飯開始。

這才是我們每個人要學會的治癒方式。一蔬一飯，看似稀鬆平常，溫飽之後，才能直奔理想。所以電影導演與編劇的張嘉佳說：「只有美食，可以抵抗全世界所有的悲傷和迷惘。」在每個沮喪無比的時刻，是食物治癒了我。

食物跟愛一樣溫柔，只有吃飽了，才能面對人生中的所有難題。

”

食物跟愛一樣溫柔，只有吃飽了，

才能面對人生中的所有難題。

“

第三章

一個成年人最該修練的是格局

心裡有遠方的人，才能到達遠方；
當你的格局大起來，世界就會遼闊起來。

1. 所謂懷才不遇，不是差在運氣，而是格局

一個人的財富、成就、婚姻、幸福指數等不會大於他的格局。
而這些東西綜合起來，就是命運。

——李月亮

我有個親戚跟人吵架，在朋友圈裡被指名道姓，罵「死胖子」、「蠢女人」。

被罵的人是我的表嫂，她的體形挺寬厚，但氣量很小。她被那朋友氣翻了，早上五點半打電話給我，要我幫她想辦法罵回去。我睏到不行，說：「嫂子，我得睡覺，我們晚點再說。」結果早上九點，我剛起床，她就上門了。我刷牙、洗臉、吃早餐，她就在旁邊義憤填膺的講她和那個朋友的恩怨糾葛。

原來是因為表嫂兒子升學宴[23]，對方付的禮金太少，所以對方生病時，表嫂

就沒去探病，然後對方就在背後說她做人差勁；之後，她們在聚會上對峙過一次，現在兩人見面互不搭理……。

這是經過我簡化的版本。表嫂說的有一部電視劇那麼長。只是我聽來聽去，也沒聽到有什麼大不了的事，感覺隨時可以按下暫停鍵，宣布劇終，然後不慌不忙的過日子。

但她們偏偏不這麼做，明爭暗鬥了整整一年，現在居然鬥出了這般恩怨。其實在這一年裡，她們一直在朋友群組裡對戰，只不過之前是含沙射影，而這次，對方直接點名了。

對方這突如其來的點名讓表嫂夜不能寐，分分鐘想罵回去，但又不知道怎麼罵，所以她心裡頭覺得委屈難受。

我力勸表嫂：「算了吧，算了吧，這點小事不值得。」

她瞪大眼睛駁斥我：「小事？妳不知道，她在朋友圈傳的每個字在我心裡像鼓那麼大！」

說著，表嫂的雙手還開闊的比畫了一下，表示是個大鼓，不是嬰兒玩的那種撥浪鼓。

我說：「我們儘量想開點吧，別折騰這鳥事了。妳都浪費一年生命了，這麼下去，還有完沒完。有這精力，妳不如煩惱妳家拆遷的事。」

我口沫橫飛說半天，表嫂卻一個字也沒聽進去，臨走時，還氣鼓鼓的要我評評理，對方說她蠢，說的是外形上的蠢，還是智商上的蠢。我也是哭笑不得，不知說什麼才好。表嫂走了，我就想，人還真是格局決定命運，起碼決定生活品質。

明明可以一笑了之的事，你非要拿一年的時間去爭鬥、去煩惱，多浪費生命，多影響心情。一個人格局太小，遇到一丁點麻煩就過不去了，糾纏其中，空耗生命，那人生怎麼可能好起來？

前陣子，我有兩位同事鬧翻。起因是會計出錯，把A女的三百元獎金匯到了B

23 中國家長盛行在孩子收到大學錄取通知後，為孩子籌辦升學宴，被稱為「後高考現象」；同時也有反彈聲浪，認為應禁止這類活動。

男的帳戶裡。

A女發現不對，就去找會計。會計意識到錯了，立刻找B男退款。換作正常人，肯定二話不說就退給A女。但B男不願意，裝傻裝到底、用盡各種藉口，就是打死不退。

A女有點生氣，就和會計一起拉著B男去找主管理論。A女說：「錢我可以不要，但事情必須講清楚。」主管心裡很明白，但是看破不說破，表示下個月會補給A女三百元，B男就不用退了。

B男也不傻，知道自己在主管那裡失了信任，很不爽。三不五時就在朋友圈裡指桑罵槐：「就妳最賤。」、「輕輕鬆鬆搞死妳。」同事們都知道B男說的是誰，也對這種行為很反感。好在A女沒放在心上，她封鎖了B男，只做自己該做的事。

她說：「我每天這麼多事，哪有時間搭理他？我簽一個大單，還會比他差嗎？他愛說什麼麼，我不在乎，這樣就等於他沒說。」

當然，A女也從沒在朋友圈回應過一個字。我當時就很喜歡她，覺得她個性很大氣。

現在，A女已經是公司的副總了，而B男早已離職，不知去向。其實，B男的業務能力很強，一直是部門第一名，可惜他格局太小，大概到哪裡也混不好。能力大、格局小的人像一棵大樹的種子，被種在花盆裡，縱有參天的本事，也註定被框在方寸之間。

如果說，人生有什麼宿命論的話，那就是格局小的人成不了大事。

格局不夠，運氣再多也會掉滿地

我朋友家有個阿姨，很勤勞，做事也精明。一開始，朋友很喜歡她，也慶幸自己找到了一個這麼好的阿姨。但慢慢的，她發現不對了。阿姨很喜歡貪小便宜。三元一斤的馬鈴薯，阿姨非要說是四塊五，有時還偷偷拿一個回家。甚至有時，阿姨會偷偷把朋友家的洗衣液倒在礦泉水瓶裡帶走。

有一年中秋節，按照慣例，朋友會給阿姨兩盒月餅，但那天，朋友太忙，就把這事給忘了。結果阿姨走的時候，臉色很不好看，垃圾也沒扔。之後，朋友就有點彆扭。她說，有時我看著那個阿姨，覺得她又討厭又可憐，我就想，妳這輩子不管多努力，也就是個保母了。這話說得有點重，但也沒說錯。如果一個人的眼裡只看得見一個馬鈴薯、半瓶洗衣液，那他可能確實也就只有如此了。

還有個很經典的故事。

某家大企業的董事長要徵助理。有個很優秀的年輕人一路過關斬將，衝到了最後一關——董事長面試。董事長和這個年輕人聊了一會，覺得他頭腦靈活，一表人才，非常滿意。

於是，董事長問他：「你對公司有什麼想了解的嗎？」

年輕人問：「有年假嗎？」

董事長說：「有。」

年輕人：「有勞保嗎？」

董事長：「當然有。」

年輕人：「伙食津貼呢？」

董事長：「有。」

幾個問題下來，董事長的臉就黑了：堂堂一個董事長助理，不關注公司環境、個人成長、升遷空間，腦子裡只有交通、伙食津貼這種雞毛蒜皮的小事，太小家子氣了，這種格局能有什麼作為？最後，年輕人被淘汰了。

其實，這正是很多優秀的人過得不怎麼好的原因。

所謂懷才不遇，多半不是差在運氣，而是格局。格局不夠，給你好運氣，你也抓不住，生生掉一地。

人這一生要面臨各式各樣的選擇：找工作的時候，你選伙食津貼高的，還是前景好的？被人在朋友圈罵，你是淡然處之，還是浪費一年的時間來跟他對戰？別人該給你的東西忘了給，你是一笑了之，還是生一肚子氣？

決定這些的看似是你的性格、價值觀、喜好，其實是你的格局。你格局大，看得高遠，就不會狹隘，不會被芝麻小事絆住，不會做愚蠢的決定，不會莫名其妙誤了一生。」

毫不誇張的說，一個人的財富、成就、婚姻、幸福指數等不會大於他的格局。

而這些東西綜合起來，就是命運。

一個成年人最該修練的是格局。你要學會開闊的去看待問題，不要被情緒所控制。學會看輕利益、得失，不要一葉障目，不見泰山，因小失大。學會把目光放長遠，不要局限於微末瑣事。當你的格局大起來，你的世界就會遼闊起來，你的人生就會通往更高遠、更明亮的地方。

”一個成年人最該修練的是格局。“

2. 能扛事是一個人了不起的才華

「我扛過了工作的壓力，熬過了失戀的痛苦，卻因為洗澡沒熱水而蹲在地上痛哭失聲。」

——惜漠然

近幾年，出現了一個網路流行用語——懂事崩。指成年人的情緒崩潰，無法隨心所欲，不能當眾示弱、不能影響工作和生活，只能在深夜裡獨自崩潰。很懂事，也很無奈。

看到一個朋友在網路上寫道：「對你身邊那個若無其事的成年人好一點吧，他的世界可能正在下著雪呢！」平日裡，看她總是一副笑呵呵的樣子，沒想到她會發出這樣的感慨。成年人的世界裡，崩潰總是猝不及防。

二〇一九年，在貴州畢節市，一名高速公路女收費員為了幫忙推開前方的故障車輛，耽誤了幾分鐘，被後面排隊的司機大罵動作慢。女收費員沒有反駁，依然微笑面對顧客，等到回過頭時，她才偷偷擦眼淚。很多時候，縱然心裡有萬般委屈，但再苦、再難，也只能自己扛。

成年人的崩潰是無聲無息的，表面上風輕雲淡，能說、能笑、會社交，但內心一片狼藉。

我在網路上還看過這樣一個故事。有個男人，雖然每個月薪水不高，但父母健在，有老婆和孩子，生活很滿足，也很幸福。但不幸的是，他去醫院體檢時，查出了自己患有癌症。他不敢把這個消息告訴任何人，只能自己偷偷去化療。跟平時一樣，他每天正常上班、下班、逗老婆、哄孩子，每週回家看一次父母。

有一天，老婆突然問他最近怎麼一直掉頭髮，他笑著說：「因為我聰明絕頂啊！」說完，他跑進廁所一個人偷偷哭了起來。

在韓劇《請回答一九八八》裡，有這樣一句臺詞：「**大人們也會疼。大人們只是一直在強忍著，忙著作為大人應該做的事，用故作堅強來承擔年齡的重擔。**」

面對大風大浪都波瀾不驚的成年人，卻會因為一件小事而徹底崩潰。在別人看來不值一提的小事，卻帶出了他們過去積壓的無數的委屈和悲傷。

壓死駱駝的從來不是最後一根稻草。

有個網友說：「我扛過了工作的壓力，熬過了失戀的痛苦，卻因為洗澡沒熱水而蹲在地上痛哭失聲。」

哭過之後，又要馬上擦乾眼淚，在最短的時間裡恢復正常。**成年人的世界裡沒有崩潰的選項，自己的殘局只能自己收拾**。每個成年人都在負重前行。

這世界永遠不缺看熱鬧的人，缺的是感同身受

創業失敗後，中國錘子科技CEO羅永浩負債六億，為了賺錢還債，羅永浩開始直播帶貨。

有網友在他的微博下留言：「羅老師，我一直把您當偶像，請問您對現在的自己失望嗎？（我心裡的老羅不應該只是一個直播主。）」

羅永浩回應說：「失望？怎麼會，我在想各種辦法賺錢還債啊，做直播賺的又不是髒錢。我很佩服自己，不想還好，一想就肅然起敬、想求簽名的那種……。」

回顧老羅的創業之路，他幾乎是做一行倒一行。

他創立了新興博客網站牛博網，牛博網倒閉了；他創辦了錘子科技，結果運營不佳，瀕臨倒閉，被北京位元組跳動科技有限公司收購了；他進軍電子菸行業，然而就在他宣布推出新產品的一小時內，「禁電子煙令」[24]出來了……。

有人說，這些挫折但凡有一件落在自己身上，都將是生命不能承受之重。

但是羅永浩承受住了，他說：「有出息的男人，需要氣氛悲壯一點。」負債之後，他沒有跑路，也沒有轉移財產，而是扛起了這一切。

在〈一個「老賴」CEO的自白〉的聲明範文中，羅永浩說：「我會繼續努力，在未來的一段時期把債務全部還完。即便公司因不可抗力的因果徹底關掉，我

24 中國於二〇一九年公布的法令，要求任何銷售通路不得賣電子菸給未成年人。

個人也會以『賣藝』之類的方式還清所有債務。馬克．吐溫（Mark Twain）和史玉柱[25]能做到的，我也能做到。」

就在羅永浩宣布要進軍直播賣貨行業後，網路上各種調侃和落井下石的言論從沒停歇過。「你進軍直播行業，這次不會又把一個行業搞垮了吧？」、「求求你，放過直播行業吧！」不管網友們是調侃，還是落井下石，羅永浩都不為所動，認真做起了直播，並且刷新了抖音平臺當時的最高帶貨紀錄。

生活從來不是事事如願的，總有一些坎坷需要自己去跨越。這個世界永遠不缺乏看熱鬧的吃瓜群眾（按：指不發言、只圍觀的網友，臺灣的類似說法為「鄉民」），缺的只是感同身受。**你跟別人說你的苦，別人可能會覺得你小題大作。**

正如現代作家劉亮程在《寒風吹徹》裡寫的那樣：「落在一個人一生中的雪，我們不能全部看見。每個人都在自己的生命中，孤獨的過冬。」有些苦，你要自己去嚐。正如有些甜，總是無人分享。人生本來就是這樣，冷暖自知。

苦難對強者是財富，對弱者是萬丈深淵

生命中每出現一次大的挫折，都是成長中要渡的劫。每一段難熬的日子都是在經歷成長的洗禮，挺過去，便是晴天。

有一期的《青年文摘》刊登過這樣一個故事：傑米是一個破產的電機廠經理，就在法院通知他上庭聽候破產判決的那天，他的妻子和他離了婚，並帶走了兒子。破產之後，傑米失去了一切，連基本的生活也難以維持。

昨天銀行還向他微笑，今天就從他手上冷冰冰的拿走了房子；昨天還向他微笑的員工，今天就拿了破產的保證金走了；昨天還是他的汽車，今天就上了拍賣會；昨天還和他同床共枕的女人，今天就投入了別人的懷抱……。

而傑米不得不去找一個可以睡覺的地方，但最後只能睡在地鐵的入口旁。從那天起，雪梨市又多了一個只能坐著睡在地鐵口的人。

25 中國民營企業家，創業經歷同樣大起大落，曾遭到經北京金融法院凍結股權。

面對這些現實，傑米並沒有自暴自棄，而是選擇了一條出路——撿垃圾生存。

傑米每天背著撿來的空瓶子去賣，並且總結一天的成功經驗，然後分析失敗的原因，久而久之，他養成了一個很好的工作模式。

後來，傑米成了澳大利亞首富，而他所有的創業資金都是透過撿垃圾換來的。

傑米說：「回顧我的成功，若沒有那一次的破產打擊，我是絕不會意識到一些決定我成功的因素，例如怎樣面對打擊和痛苦、怎樣用痛苦與失敗激勵自己，找到明確奮鬥的目標、怎樣看待每一分錢、怎麼樣有效利用每一分錢！」

傑米還說了一句他的名言：「痛苦與失敗是我的財富，儘管我不希望經常擁有這筆財富，但我要永遠利用這筆財富為自己創造更多的經濟價值！」

每個人所走過的時光裡，總有一些意料之內的驚喜，也有一些意料之外的失落。如人飲水，冷暖自知，所有的艱辛和酸楚只能自己扛。

有人曾說：「每一個強大的人，都曾咬著牙度過一段沒人幫忙、沒人支持、沒人噓寒問暖的日子。過去了，這就是你的成人禮；過不去，求饒了，這就是你的無底洞。」

世界上只有一種真正的英雄主義，那就是在認識了生活的真相後，依然愛它。

只有那些勇敢鎮定的人才能熬過黑夜，迎來光明。

在成年人的世界裡，每一次劫後餘生都是新生。

人生總會遇到一些坎坷，承擔一些壓力。努力過後，才知道，許多看似過不去的事情，咬牙堅持一下，就過去了。

那些痛苦的日子才是生命中最好的日子，它們塑造了獨一無二的自己。

中國作家蘇岑曾說過：「在心情最糟糕的時候，仍會按時吃飯，早睡早起，自律如昔。這樣的人才是能扛事的人。人事再亂，打不亂你心。人不需要有那麼多過人之處，能扛事就是才華橫溢。」

決定人生高度的不是有多大才華，而是遇到事時，能否擔起肩上的那份責任。能扛事的人，在經歷大風大浪時，依然有抬頭挺胸的勇氣。

只有這樣，才能笑對生活，收穫明天。

”

在成年人的世界裡，
每一次劫後餘生都是新生。

“

3. 少說話是教養，會說話是修養

一個聰明人，慣用的說話方式，是陳述事實，不帶情緒。

——陳阿咪

我們總說人和人的相處，關鍵是要三觀相合（按：指世界觀、人生觀、價值觀）。但是，當我們結交過很多人，也在歲月裡失去很多人之後才發現：三觀相合，才能走到一起。

相處過程中，唯有做到「三戒」，才能真正建立屬於你的人格魅力，並經營好你和身邊人的感情。

1. 戒話多：習慣傾聽的人，會越來越被別人信任

戒話多，即「適時沉默」。跟滔滔不絕、口若懸河的人相比，學會適度沉默的人，更具有人格魅力。

有一次我和朋友參加一場活動，遇見了一位陌生人。活動休息的空檔，大家便閒聊起來。知道了我們的行業後，對方開始大談特談，言語間夾雜著各種偏見。當我想要開口反駁一二，拆穿他的自大時，自始至終沒有說話的那位朋友，使眼色攔住了我。

活動結束後，我私底下問他為什麼不據理力爭。他笑了笑：「只要是不同意的，就用沉默保留意見。對方有錯，不妨留個臺階。聊天，不要太計較。」

細細想來，我們常常做這樣的事：一旦被誤解，便迫不及待的與之辯駁；一遭遇偏見，就挽起袖子要爭到底。

和他人相處，發現別人的過失，習慣性的想去糾正和拆穿，眼裡容不得任何沙子。但最後你會發現，那些習慣傾聽、不愛說話的人，會越來越被別人信任。

而那些費盡心思去糾正別人、幫別人改正錯誤的人，反而讓人敬而遠之。

蔡康永在暢銷著作《蔡康永的說話之道》裡說過：「**把無謂的勝利留給對方，懂得認輸的人會說話。**」和人相處，不在說話上爭高低，這才是真正的聰明人。

這是一種尊重，也是一種修養。

2. 戒妄言：會說話的人想著說，不會說話的人才搶著說

戒妄言，即「不講私事」。如果說懂得沉默是高情商，而不亂說，就體現一個人的內在素養了。

我有個朋友，最近和她隔壁桌的同事鬧得很不愉快。其實，兩個人一直以來志趣相投，所以一開始相處得十分融洽，甚至以姐妹相稱。但是有一次，朋友和她的丈夫吵架了，於是向隔壁桌的同事傾訴了來龍去脈。

結果沒幾天，其他部門的兩個人跑來問她：「是不是已經離婚了？」

她大驚，什麼時候家長裡短、雞毛蒜皮的小事，這麼快就傳到別人耳朵裡了？自己也只是很私密的向朋友傾訴，怎麼這麼快就散播成八卦謠言了？一忖度，就猜到是隔壁桌的好姐妹說出去的。

自此以後，有什麼話，朋友都避她三分，之後也就慢慢的和她生疏了。

其實很多人在向別人傾訴時，往往是帶著情緒的，並不能代表他們的真實想法。然而很多人快人快語，張嘴不考慮後果，誤把別人一時的情緒化當結論，轉身就傳了出去。最怕的是，說到得意忘形。一不小心用錯詞，就讓聽者會錯意，也就鑄造了一段新的謠言。

所以，以前有人就打過一個比方，說做人最好就像個瓶子：口子小，肚子大。聽到的都吞進肚子裡，吐出來的時候，把口子縮小了說。聽了別人的私事，不去亂傳。

能堅守住自己，做一個瓶子一樣的人，方能獲得更多的信賴。**會說話的人想著說，不會說話的人，才搶著說。**

3. 戒狂語：情商高的人，說話不帶情緒

戒狂語，即「控制情緒」。

其實，說話重在把握中庸之道。所謂中庸，是話講到適可而止就好。不帶個人

情緒、不過度貶損、不添油加醋。

跟大家分享一個打油詩：一個文人為一老婦祝壽，兒女歡天喜地，邀請他為之寫祝詞。這個文人也不推辭，提筆寫道：「這個女人不是人」，一言既出，老婦臉現怒色；「九天仙女下凡塵」，由怒變喜；「生兒個個都是賊」，兒女皆驚，開始咬牙切齒了；「偷來蟠桃獻至親」，結語一出，眾人歡娛。

所以，你用什麼措辭，如何去形容一件事，會直接的挑動他人的情緒。

一個聰明人，慣用的說話方式，是陳述事實，不帶情緒。

比如家長教育孩子：聰明的家長，會注重循循善誘，說服孩子。但有的家長會顧著發洩個人情緒，粗暴的指責孩子，而忘了出發點和目的是什麼。

比如夫妻因為家庭瑣事吵架：有的丈夫，懂得跳脫出吵架這件事，理解妻子心理上的真正需求，從而化解危機；而一個不會說話的丈夫，就會和妻子在瑣事上硬爭高下。

所以要做事圓潤，不意氣用事，不盲目、不妄語，不輕言、不輕狂。

控制情緒，好好說話，還有什麼事理不清楚？

有人曾經對我們的五官有這樣一個有趣的解釋：我們為什麼都長著兩隻眼睛，兩個耳朵，卻只有一張嘴呢？因為，神要我們多聽、多看、少說話。

戰國時期的思想家墨子也曾經對學生子禽說過這樣一段話：「話說個沒完沒了有什麼好處呢？比如池塘裡的青蛙天天叫，弄得口乾舌燥，卻從來沒有人注意它。但是雄雞，只在天亮時叫兩三聲，大家聽到雞啼就知道天要亮了，於是都注意它。」關於說話這件事，說得多，不如說得對。

少說話是教養，會說話是修養。

”會說話的人想著說，
不會說話的人，才搶著說。“

4. 身而為人，你不想、也不必討好誰

後來才學會拒絕的我，更明白：
二十歲的討好成全了別人，但太委屈自己了。
——林宛央

最近，我最開心的事情就是中國女團綜藝節目《乘風破浪的姐姐》開播了（按：第一季於二〇二〇年初開播，現為第二季）。這個節目未播先轟動，完全在意料之中，因為都是吃瓜群眾，誰能不好奇三十位女明星天天在一起的生活和較量呢？

在前些年《時尚芭莎》（*Harper's Bazaa*）雜誌的明星慈善夜上，光是那樣一兩個鏡頭，大家便能從章子怡露肩、張韶涵站C位（按：即center，中間位置的意思）、劉嘉玲戴墨鏡等經典場面裡，嗅出一種山雨欲來風滿樓的猛烈。

更何況這次要長時間相處，還要彼此競爭，還都是那種年齡30+，個個有故事的女明星。

三十歲女人的較量，比二十歲的好看在哪裡呢？

二十歲的女孩子由於閱歷尚淺，往往並不自信，會對這個世界有一些懼怕，面對挑釁，常常選擇隱忍、哭泣、崩潰，小心翼翼的討好別人。30+的女人卻有一種「老娘都已經活到這個歲數了，幹麼要忍，何必要怕」的姿態，面對對立，常常是不討好，無畏懼，你讓我不爽，那我就讓你更不爽。

二十歲的女孩子像綿羊，常常掛在嘴邊的話是「好的」；30+的姐姐們則讓人覺得很難搞，像是唱著迪斯可的野狼，常常掛在嘴邊的話是「不要，憑什麼」。越是敢於嗆聲的女人，越有自信。

在《乘風破浪的姐姐》裡，最讓大家感覺嗆口且難搞的，恐怕就是中國歌手張雨綺了。

說來奇怪的是，張雨綺年齡並不大，一九八七年出生的她，其實只有三十多歲，比其他人還要小好幾歲。但一直以來，她給人的感覺都是姐姐，而不是少女。

我覺得原因有兩個：一個是她一出道，演的就是熟女，而且都是那種很能獨立生活的女性。另一個是，她本人似乎從來沒有展現出屬於少女的那種羞澀、膽怯、緊張，始終是一副老娘什麼沒經歷過的自信、勇猛。離婚，很敢說；分手又復合，照樣很敢說。

後來，羅志祥鬧出劈腿風波時，她在微博上發了一段剪章魚的影片，也是一副我就要公開撕渣男，看你們能把我怎樣的姿態。包括在節目裡，也是不允許自己被質疑，對所有自覺不舒服的事情，一定公開回應。工作人員說她的妝看起來有點油，她就嗆聲說：「哪裡油了，我這是光亮，你懂不懂？」被問到有沒有低潮期時，她直言從來沒覺得自己差過，認為自己一直很紅，而且認為自己很適合上這個節目，之前沒上跨界類綜藝，都是被前經紀人耽擱了。化妝師給她畫了一個紫色的眼影，還被她嫌棄得不行，說太土了。

後來和演員王麗坤一起爭舞蹈位置時，伊能靜勸她說，要不妳和我一起，王麗坤是專業學舞蹈的，讓她去那個七人團算了。但張雨綺就是寸步不讓，堅持要用猜拳的方式決定去留。

張雨綺是那種，如果認定了一件事就拚命爭取，如果自己不喜歡就果敢拒絕的人。所以，在她的身上完全看不到一丁點委屈和勉強。這種性格可能會讓人覺得太強勢，但今天才學會拒絕的我，更明白：**二十歲的討好成全了別人，卻委屈自己了。**

你不需要被任何人定義

因為我們完全沒必要一味的委屈自己去成全別人。如果這個世界上的每個人都懂得成全自己，也都有實力成全自己，那麼每個人便能少受點委屈。

除了敢於表達自我，不委屈自己以外，我最欣賞她的自信。

坦白的講，論唱跳才華和天賦，在這三十個姐姐中，張雨綺處於中下水平。可張雨綺初上舞臺時，只能選擇相對簡單的歌，因為她自己也承認，自己只有這首歌能完整唱下來。但厲害就厲害在，即使如此，她也不怕。

雖然上臺的確會讓人緊張，但她說：「我站在這裡，就要自信，就算不行，也不會丟失掉我的自信，我會自信的拎著行李走出去的。」

也是因為這種自信，張雨綺在表演時，不會有那種「我是來被大家比較的」感覺，她是發自內心的覺得自己怎樣都很有魅力。所以她在舞臺上的表演就真的給人一種蠻可愛、蠻討喜的感覺。

這就是張雨綺一直讓人討厭不起來的原因：她是來享受這個世界的，而非來接受誰的審視。

這樣的人，實力夠強時，就給人一種雖然強勢，但讓人心服口服的感覺，比如演戲時的張雨綺；實力不夠強時，就有一種反差萌的可愛，比如在《乘風破浪的姐姐》裡的張雨綺，連中國知名女演員寧靜看了她那段表演，都不無羡慕的說：「她好可愛。」也因為自信，張雨綺既無懼批評，也不會被稱讚弄得昏頭腦脹。

節目評審杜華看了張雨綺的表演後，她說：「妳這個表演可能站不到前面的位置，得往後站一站。」（其實，單從表演來說，這是實話。）

可張雨綺並沒有被這種話嚇得自卑，更沒有否定自己，而是來一句：「那不要，我還是要站在C位。」可能覺得這樣太囂張了，她又改了一下：「我努力讓自己站在C位。」

杜華給了她一張X牌，其實就是「待定」的意思，但張雨綺就會理解為「自己很棒，哪樣都有無限可能」。有另一個評審很欣賞張雨綺，說她和演員鐘麗緹一樣，身上有閱歷美，如果張雨綺成團，他會是頭號粉絲，於是張雨綺就瞧了那個男評委一眼，略帶嫌棄的表示：「啊，我們團的粉絲就是這個年齡的男士？」大有一種老娘的美用不著你來欣賞的自信。不在乎被否定（你是誰？），也很難被討好（我需要嗎？），就活得挺瀟灑的。

評審杜華說，張雨綺的脾氣挺暴躁的，一般人降伏不了。這句話說到點上了，但我不太喜歡這種說法。我覺得張雨綺很獨立，獨立到好話、壞話都PUA[26]不了她，她有**對自己堅定的信任、欣賞，不需要被任何人定義**。

這也是《乘風破浪的姐姐》好看的原因，它展現出來的美是：身為女人，我不想、不必討好誰，更不會為那些別有用心的討好買單。

26 全稱「Pick-up Artist」，原指「搭訕藝術家」，泛指很會吸引異性。

”我不想、不必討好誰，更不會為那些別有用心的討好買單。“

5. 人性最大的愚蠢，就是互相為難

如果我過得不開心，那麼我就想看到別人也不開心；
如果我爬不上去，我也拉住別人，讓別人也爬不上去。
——水木然

前幾天在速食餐廳，看到一個手持電影票的婦女正衝著一名女服務員發火。原因是她要等三分鐘才能拿到自己想要的漢堡，而她的電影馬上就要開始了。她發火的氣勢，就像要把人吃掉一樣，聲音非常大，響徹整個餐廳，說的每一句話都咄咄逼人，而女服務員則不斷的低聲下氣的向她道歉……。

人為什麼會有痛苦？因人和人之間經常在互相為難。

那些喜歡刁難別人的人，往往是因為被社會刁難得太多，所以想討回來。舉個例子：很多業主對保全態度不好，不給他們留一點尊嚴，於是保全轉身就會對送外賣的態度不好，甚至故意為難他們……魯迅說過一句話：「勇者憤怒，抽刃向更強者；怯者憤怒，卻抽刃向更弱者。」

當一個弱者被欺壓時，往往會把怒氣撒向更弱者。

生活中這種現象很常見。

一個在外面受了氣的男人，因為沒有能力去報復那些讓他受氣的人，回到家的時候就打罵老婆孩子、踢貓罵狗、東摔西砸，這就是典型的懦夫。

某人忽然挨了主管一頓罵，回到辦公室就會把手下罵一頓，這就是沒有度量的表現，然而很多所謂的主管都是這樣做的。某個甲方的負責人遇到了不公平的事，就使勁的折磨服務自己的乙方，好像看到他們被折磨得死去活來，自己就會好受很多……若人人都喜歡俯首面對強者，橫眉冷對弱者，這真的是一個惡性循環。弱者往往被欺負，然後轉向欺負更弱者。

而當最弱的那個人無可欺負的時候，往往會冒出念頭去報復那些最強者，想和他們同歸於盡，這也是弱者的反噬。如果我們不善待弱者，總是把怒氣撒向他們，把最陰暗的東西留給他們，最終受害的一定是所有人，無論你的地位多麼強勢。

其實，只有懦夫才享受欺凌弱者的快感。這不僅不能解決問題，反而用一種情緒轉移的方式，試圖化解自己身上的缺陷，是無能的表現。

有人說，上層社會人捧人，底層社會人踩人。為什麼底層的人有時會發生互相踩擠的情況呢？

因為他們在夾縫裡求生存，他們往往封閉、狹隘、短視，睚眥必報、斤斤計較，結果就是互相踩踏。當一個人活著就是為了混口飯吃，整日疲於奔命時候，就可能會衍生出各種卑劣的行為，以及各種陰暗的心理。比如他們總是生怕別人比自己過得好，甚至他們會在暗地裡算計你。

釣過螃蟹的人都知道，竹簍中放了一隻螃蟹，必須記得蓋上蓋子，否則它就會爬出來。但是如果你多釣幾隻放進去後，就不必再蓋上蓋子了，這時螃蟹再怎麼掙扎也是爬不出來的……為什麼？

因為當有兩隻以上的螃蟹在簍子裡時，每一隻都爭先恐後的朝出口處爬。於是，當一隻螃蟹爬到簍口時，其餘的螃蟹就會用鉗子抓住它，把它拖到下層，由另一隻螃蟹踩著它向上爬。如此反覆循環，沒有一隻螃蟹能夠成功。

這就是現在社會上有些人的心態：如果我過得不開心，那麼我就想看到別人也不開心；如果我爬不上去，我也拉住別人，讓別人也爬不上去。這就是螃蟹定律。其實生在底層不是可恥的，可恥的是這種互相為難的弱者思維。這些人焦躁不安，互相提防，生怕別人捷足先登，而這種心態更加劇了他們的平凡、庸俗。這是很多人的宿命，也是這些人為何總是滿臉愁苦的根本原因。

人生已經很難，又為何苦苦相逼？有時放別人一馬，就是放自己一馬。

在這個社會上有另外一種人。他們身處社會底層，卻有很高的思維格局，願意積極的成全別人。這樣的人，慢慢會聚集人氣，左右逢源，拾級而上，成為佼佼者。你是選擇互相為難，還是選擇先成全別人，再成全自己？

這個答案顯而易見。

”

人生已經很難，

有時放別人一馬，就是放過自己。

“

6. 說話的分寸，就是做人的尺寸

對於別人的事，不了解，就不要隨便議論，
更不要妄自下結論，這才是一個人最大的修養。

——三立書會會長

說話是一門藝術，會說話是一種本事，而懂得適時沉默是人一生中最難的修行。做人有分寸，其實就是與人相處的時候，說話做事有分寸。不追問、不妄議、不說破都是說話的分寸，也是做人的尺寸。

不追問是一種善良

人是種很固執的動物，明知山有虎，偏向虎山行；不撞南牆，決不回頭。每個人的心裡都有一個結，解不開，就放不過。但並不是所有的事情都要查個清楚、問個明白。人活著，有時候，聰明是一種罪過，糊塗反而會更輕鬆快樂。

美國情景喜劇《歡樂單身派對》（*Seinfeld*）裡，有個人物叫喬治。有一次，喬治去參加了一個社區養老院的志願者活動。他所幫助的老人已經八十六歲，伴侶去世，孤零零一個人生活在養老院，但每天卻過得很快樂。

喬治在目睹這個事實後，感到很困惑，他不明白，一個人都這樣了，怎麼還能這麼快樂呢？於是，他不停追問老人：「你害怕嗎？你知道自己活不了幾年了吧？你離死亡這麼近，怎麼能不害怕呢？你心裡一定很痛苦吧？」

最後，老人忍無可忍，非常憤怒的說了一個字：滾！

老人為什麼這樣做，原因很明顯。因為喬治層層逼問的過程，就是在一刀一刀劃開老人不想被人看到的傷口。真正有道德的人並不會這樣做。

人人都有一些深藏於內心的祕密、一些相對沉重的往事，不願意他人得知，更不願意被人刨根問底。只顧滿足自己的好奇心去揭別人的傷疤，是對他人的殘忍。

很多時候，不追問就是一種為人有分寸的高貴善良。

不妄議是一種修養

《莊子》中說：「子非魚，安知魚之樂？」意思是說，在不了解他人的情況下，不要按自己的想法去揣測對方，更別提隨意評論別人了。

泰國有這樣的一則公益廣告：一個極其凶悍的婦人到菜市場去收租，她一進菜市場，就大聲喝斥一個小販，要他及時交租；然後走到一個賣肉的小攤前面，一把奪過肉鋪的秤，狠狠的摔在地上；接著又叫人把一個女攤主的貨全收走了。這個仗勢欺人的畫面被在場的人錄下來並傳到網路上。不到三天時間，點擊次數破萬。

影片激起了民憤，網友們指責這個老闆娘黑心，並且呼籲人們不要去這個菜市場買菜了。然而沒多久，菜市場的其他商販就主動站出來幫老闆娘澄清了。

原來，被老闆娘喝斥要及時交租的小販已經拖欠了好幾個月的租金；肉鋪之所以被摔秤，是因為他們出售的商品常常不足斤兩，老闆娘是在嚴厲警告他們；老闆娘叫人把女攤主的貨收走，也是因為看她生活不易，自己掏錢把她的貨買下了，讓她能夠繼續經營這個他們一家賴以生活的小攤。

周圍圍觀的群眾只是看到了事情的表面，並不了解全部的真相，就人云亦云的妄加揣測和評論，讓老闆娘遭受了不白之冤。

生活中也有很多這樣的人和事。不能僅僅看到整個真相的一角，就妄下結論，攻擊評判別人，讓別人深受語言暴力的傷害。

作家王小波說：「口沫飛濺，對別人大做價值評判，層次很低。」對於別人的事，不了解，就不要隨便議論，更不要妄自下結論，這才是一個人最大的修養。就像《歡樂頌》裡的女主角安迪說的那句臺詞一樣，你可以有不同的見解，但沒有扔石頭的權利。

每個人都有自己的人生和選擇，作為旁觀者的我們，無論如何都不應該隨意評判別人的生活。

好的生活哲學講究分寸。與人交往中，說話留餘地、看破不說破並非圓滑世故，而是尊重他人，顧及他人感受，讓彼此都舒服的處世智慧。

不說破是一種智慧

看透是智慧，不說透是心胸。看破不說破的背後是一份恰到好處的分寸，是人生閱歷和涵養的體現，更是能夠站在對方的角度考慮的處世智慧。

作家賈平凹也寫過一個關於朋友的故事。朋友有口吃，說話慢，有一天，在路上遇到有人問路，偏偏這人竟也是口吃，於是朋友就一語不發。

過後，賈平凹問他為什麼不說話，朋友答道：「我是口吃，人家也是口吃，要是我回答了，那人可能會以為我是在模仿戲弄他。」

言為心聲，會說話的人不僅僅是因為情商高，更是因為心裡裝著別人。在說與不說之間透露出來的品行教養，體貼細心，可見一斑。

人人都有一張嘴，能說話，不代表會說話；說得多，不代表說得對；很多時候，口沫橫飛比不上適時的沉默。說話很難，拿捏該說什麼話還是不說話更難。

人生在世，希望我們都能保持善良，理性開口，適時沉默，把握做人的尺寸。

”

不要妄下結論，
就是一個人最好的修養。

“

7. 每個人都有叛逆的權利，不論何種年齡

成家生子是社會期待的樣子，
疲憊和麻木讓我們忘了自己本該有的樣子。

——黃公子

三十而立，立於何？

在《人物》（*People*）雜誌舉辦的女性演講中，演員劉敏濤總結自己的三十歲，是沒有自己的賢內助。她說：「我的生活軌跡幾乎全符合社會對一個女性的標準。」

可是三十七歲時，乖乖女劉敏濤大膽選擇中年叛逆。她痛下決心，結束了七年喪偶式婚姻（按：指婚姻不美滿，一方冷落另外一方），告別過去、告別曾經選擇的30⁺生活。復出之後，劉敏濤很快憑藉《琅琊榜》、《偽裝者》重回巔峰。

四十四歲時，劉敏濤在舞臺上盡情釋放自己，演唱了《紅色高跟鞋》，接連收割五個熱搜。劉敏濤大聲說出：「我相信，疲憊和麻木不是中年人的定義。」

有人說，嫁富豪和果斷離婚屬於本就優秀的人，所以劉敏濤進退自如。更多的30⁺女人沒有骨氣撐起獨立人格。

三十而立，有的人把沒有骨氣看成人與人之間的差距，而我只看到了差異。30⁺，人人都有中年叛逆的權利。

三十而立的人生困境

女人在一生中，往往必須背負「母親」、「妻子」和「女兒」的角色。打拚事業的女人，被稱為「女強人」，好像女人獨立強大是一種特例，可從沒聽說過「男強人」。不得不承認，我們至今依然生活在男性視角中，女性角色總是從男性的視角裡獲得意義。

例如，30⁺的女生在職場經常面臨不友善的對待。沒結婚時，怕妳結婚；結婚後，怕妳生孩子休產假；好不容易熬過，又怕妳要生第二胎……面試三連問：結婚了嗎？有小孩嗎？打算什麼時候要生小孩？所以，許多30⁺的未婚職業女性不敢結婚。

三十歲是最佳生育年齡仍像一道魔咒，時時刻刻困擾著我們。尤其是外界的催婚、催生，好像三十歲不結婚生子，就真的錯過了自己的重大使命。

有一次週末開會，我在廁所看見哭紅眼睛的同事，才知道那天她五歲的女兒在學校發燒，老公出差，客戶一直逼著改方案，公司又要開會討論新專案。她跟我說話的時候，眼淚還在掉：「三十五歲跟年輕人比，還有什麼競爭力？我必須拚命保住飯碗。」

我試探著問她：「能不能和老公商量，讓妳當全職媽媽？」她神色蒼涼的說：「妹妹，你要記住，無論如何，女人都要有自己的工作。」

儘管這份堅持讓她身心俱疲，但我理解她的信念，工作是她自己賺來的獨立資本，是她在婚姻裡的自尊。

另一位女性朋友工作穩定，剛懷孕，雙方家長傾盡積蓄讓他們能在北京買房定居。可剛三十一歲的她，跟我說：「我的生活一眼能望到頭，我完全能想像自己五年後、十年後是什麼樣子。」那一刻，我心裡出現了一個聲音：三十一歲就一眼望到頭的生活值得過嗎？

拚盡全力，讓人活得卑微乏力；循規蹈矩，讓人活得蒼白無趣。

像法國作家羅曼・羅蘭（Romain Rolland）所說：「大半的人在二十歲或三十歲時就死了，因為一過這個年齡，他們只變成了自己的影子。以後的生命不過是用來模仿自己的，把以前年輕時代，所說的、所做的、所想的、所喜歡的，一天天的重複，而且重複的方式越來越機械，越來越荒腔走板。」

三十而立？

成家生子是社會期待的樣子，疲憊和麻木讓我們忘了自己本該有的樣子。

法國著名女作家西蒙・德・波娃（Simone de Beauvoir）曾說：「女性不被要求奮發向上，只被鼓勵滑下去到達極樂。當她發覺自己被海市蜃樓愚弄時，已經為時太晚，她的力量在失敗的冒險中已被耗盡。」

年齡是榮耀，而不是拖累

太多女性像波娃所說，到了中年，已經失去奮發向上的動力。所以《乘風破浪的姐姐》一開播，就迅速登上熱搜。這檔節目重新定義了30⁺，為我們呈現了一批追求自我價值的中年女生。

年齡沒有成為她們的拖累，反而成了她們的榮耀。

有人說，和《乘風破浪的姐姐》裡的明星比，差距還是太大了。50⁺依然青春靚麗，沒有一絲贅肉，這背後要花費多少時間和精力去學習穿搭和化妝技巧，要克制對美食的渴望、要花多少錢在護膚品和美容院。

沒錯，社會對女性的外形容貌要求苛刻。

沒錯，儘管《乘風破浪的姐姐》嘗試反擊當下流行的媚青文化（按：指討好年輕人口味的流行文化），但它卻不自覺的迎合著青春靚麗的訴求；它呈現出一群美出天際的女性；她們嘴裡說著：「我要和最漂亮、最年輕的女生成團。」高䠷美麗依然是成團的標準；女團的演繹依然是唱唱跳跳。

但我們的生活不是一場商業秀。我們不需要迎合觀眾，也不必吸引投資。

當我們說**30⁺要活出自我，這不是一種標榜，而是真正披荊斬棘，從容不迫，是一份成熟的智慧和堅定的心境**。

我的一位朋友在北京打拚幾年後，回老家開了一家咖啡廳。北漂需要毅力，結束北漂也需要勇氣。

而且學管理出身的她，還偏偏在三十四歲時，決定從零開始學習法律。原因是自己家房子的糾紛問題，讓她意識到法律的重要性。

有人說她太沒定性，法律更是有門檻的職業，她學了也沒有意義。

結果，她在三十六歲時，考取了律師從業資格證。有一次，我玩壞了她女兒的玩具，她立刻毫不客氣的告訴她四歲的女兒：「叫阿姨賠。誰弄壞了妳的玩具，就得賠。如果不賠，妳就告訴他，我媽媽是律師，會起訴他。」

那一刻，我感受到了什麼叫骨氣。女人的骨氣是實力給的。無關起點，也無關容貌。

她家境不算優渥，能走到今天，全靠她自己一點點奮鬥和積累，一點點擠出時間學習和成長。離開自己擅長的領域，乘風破浪的姐姐們可能唱歌走音、跳舞同手同腳，完成不了高難度的表演。而普通如你我，也可能攀登上不同的山峰，看見不同的風景。

作家王小波在《三十而立》中寫下：「忽然之間心底湧起強烈的渴望，前所未有：我要愛，要生活，把眼前的一世當作一百世一樣。這裡的道理很明白：我思故我在，既然我存在，就不能裝作不存在。無論如何，我要對自己負起責任。」

有人不斷在耳邊說，到了什麼年齡，就要做什麼事。有人用男性視角要求你，做賢妻良母，兼顧事業和家庭；有人用迎合年輕的文化審視你，你必須足夠漂亮、帥氣、保養得當。**但你只需要為自己負責**。

三十而立，不要擔心賺錢的速度趕不上父母老去和孩子長大的速度，你要擔心自己內心成長的速度；三十而立，無關財富地位，不是成家生子，而是你是否思想獨立，是否活出了每一刻的生命品質，掌握了自己的人生節奏。

青年作家蔣方舟九歲就出版散文集，而 J. K. 羅琳（J. K. Rowling）被拒絕十二次，三十二歲才出版了《哈利波特》（*Harry Potter*）。童星林妙可八歲就出演都市劇，九歲就登上奧運會開幕式，而美國男演員摩根．弗里曼（Morgan Freeman）五十二歲，才迎來演藝事業的高峰。

每個人都有自己的人生節奏，沒有人能定義你三十歲。願你不屈於流俗，不困於時光。**在任何年齡，你都可以成為任何你想成為的人。**

”

願你不屈於流俗，不困於時光。

“

第四章

我們都想變成無憂無慮的孩子，最終卻活成了患得患失的大人

童心不是一種年齡，而是一種能力，
一種對生活保持熱情的能力。

1. 偶爾做個「無用」的人

人們忙著賺錢、忙著出名、忙著升職加薪，人人像上了發條一樣……我們已經習慣做一個「有用」的人。

——簡愛

湖南衛視生活紀實節目《嚮往的生活》，不知道各位讀者是否有看過？何炅、黃磊、劉憲華三位明星，從萬人景仰的舞臺回歸到普通農家小院裡（一個叫「蘑菇屋」的地方），過起日出而作、日落而息的田園生活，白天到地裡摘玉米，夜晚開伙煮飯，真真切切考驗明星們自力更生的能力。他們自給自足，接人待客的真實生活畫面，讓我們有幸看到明星們的另一面。

我一連看了好幾期，對其中一期的印象非常深刻，那一期女演員白百何突然空降蘑菇屋。

對於白百何，大家都很熟悉，影視紅人，這些年，事業如日中天，到處都有她的影子。可一到了蘑菇屋，看著黃磊在灶前忙得不亦樂乎、何炅熟練的打掃和整理、劉憲華當起黃磊的廚房助手，自己卻是什麼忙也幫不上，也確實不會做。於是，白百何皺著眉頭對何炅說：「突然就覺得自己成了一個無用的人。」言下之意，沒了舞臺，離開聚光燈，便黯然失色，找不到存在感。

何炅聽後，笑了笑回答她：「**人活著，不必每一天都有用，偶爾做個無用的人吧。**」這句話很有哲學含意。

這期節目過去好一陣了，但我仍然清楚的記得這句話。社會高速發展的今天，人們忙著賺錢、忙著出名、忙著升職加薪，人人像上了發條一樣，埋頭趕路，我們已經習慣做一個「有用」的人。

究竟什麼是「有用」，什麼是「無用」？

白百何和何炅的對話使我想起了網路上的一則新聞。兩個九〇後的女孩在網路上直播撕書。影片中，一女孩拿起中國企業家史玉柱的書後，說道：「史玉柱是誰？」另一女孩回答：「史玉柱是誰啊，人長這麼醜，書怎麼能讀得下去？不撕，留著要幹嘛？妳要讀書嗎？」前面的女孩接著道：「我不讀書，我要讀書幹嘛？」然後便將書給撕掉了。另外那個女孩又拿起作家郭敬明的一本書說道：「郭敬明是誰？」對方接著回答：「娛樂圈最矮的……。」緊接著撕完書後，旁邊的女孩附和：「妳不讀書也能開跑車。」兩人越撕越起勁，上線觀看者無數。

姑且不論兩個女孩是出於什麼目的要拍這樣的影片，然後上傳到網路上。但是話裡話外，字裡行間，想陳述的觀點只有一個，那便是讀書無用，長得美會賺錢才是真本事。這樣的影片看了之後，令人驚愕。

另外一個現象是，現在早教培訓機構無處不在（按：指幼兒早期教育）。有些寶寶甚至不到一歲，父母便一擲千金送去開發智力，進行各種培訓，結果反而揠苗助長。有的家長太焦慮了，生怕孩子一出生，就輸在了起跑點。如果一個人學富五車、出口成章，但賺不了錢，是要被人恥笑的。只有加官晉爵、有名有錢，才能稱之為有用的人，那些家庭幸福、收入一般的，往往被人忽略不計。

少一些「有用」，多一些「無用」

相較於華人教育過分強調有用論，讓我們來看看法國思想家盧梭（Jean-Jacques Rousseau）是如何說的：「大自然希望兒童在成人以前，就要像兒童的樣子。如果我們打亂了這個次序，就會造成一些果實早熟，它們長得既不豐滿也不甜美，而且很快就會腐爛，我們將造成一些年紀輕輕的博士和老態龍鍾的兒童。」個人亦深以為然。

關於「有用」和「無用」，莊子曾經說過：「人皆知有用之用，而莫知無用之用也。」在物質豐富的今天，我們是不是可以少一些「有用」，多一些「無用」。

那些書籍、音樂、花草蟲鳥……根本無法給我們的物質生活帶來實際的效用，所以在很多人看來，這些並沒有什麼用處。沒用的東西也就不再用心追求。

然而，生命的寬度與厚度並不是用物質堆砌起來的，在物質之外還有精神、在有用之外還有無用，正是這些無用之物拓寬了我們生存的維度，生命的精采更需要物質之外的東西。

這個世界上並沒有無用的東西，只是，我們忽略了發自內心的愉悅，以為物質可以代替一切，甚至可以代替那些會心一笑，代替頓悟時的神清氣爽。

人的欲望無窮無盡。只有精神的富足，才能換來內心的寧靜和長久的愉悅，也只有那些無用的東西，才能讓我們體會到生而為人的真正快樂，不是嗎？

”人活著，不必每一天都有用，
偶爾也要做個無用之人。“

2. 幼稚的人談喜歡，成熟的人談責任

如果你沒有能力做好自己不喜歡的事，
喜歡就會變成弱者的藉口。
——艾小羊

出版人許知遠的直播訪談節目《十三邀》，曾邀請過亞洲偶像木村拓哉。

許知遠問木村：「你有沒有特別想扮演的角色？」木村回答：「那是一個專業團隊無數人的努力，我沒有選擇的權利。」理想青年關心自己的喜歡，專業人士關注他人的付出。

來賓為脫口秀演員李誕的那一期，李誕問許知遠：「為什麼要做訪談節目？」許知遠說：「沒辦法啊，我得賺錢（養書店）。」

換句話說，有時候，連成功人士也知道有些事情不喜歡，但必須做。

某次，我們團隊招聘，一位應聘者一開始就表明如果不喜歡自己的工作，就很難做好，所以她想做自己喜歡的事情（工作）。

我問她：「妳之前是做什麼的？」

她說：「瑜伽老師。」

「那妳不喜歡嗎？」

「剛開始時，滿喜歡的，但是做了一段時間就不喜歡了。」

我問她現在喜歡什麼，她說喜歡做運營管理，報了很多網路課程，也把高難度的經營管理書籍《運營之光》看完了。

於是，我便讓她負責運營。但試用期還沒過，她就做不下去了。

運營是一個特別瑣碎的工作，需要細心、耐心與決心，這些她都沒有。她之前所了解的運營是像將軍一樣運籌帷幄，但實際做起來，會發現，最重要的不是你站上指揮塔怎樣指揮，而是你如何爬上這個指揮塔。

這個過程是平平淡淡加沒沒無聞，無熱血、沒段子、不勵志，無論是講師開講座，還是作家寫書，都會選擇性的忽略。於是，這個女孩以為自己學了很多知識，其實她空有滿腔志氣和熱血。離職的時候，她跟另外一個員工說：「我還是想找一份自己喜歡的工作，不喜歡的事情，我做不好。」

這個女孩才二十四歲，我很想告訴她，如果妳沒有能力做好自己不喜歡的事，那麼，喜歡就會變成弱者的藉口。

強者談堅持，弱者才談喜歡。

一句「不喜歡」可以甩掉所有的不努力、不作為、不堅持。

喜歡是什麼？它代表某一個時間點的短暫情緒。無論是你喜歡的工作，還是喜歡的人，長久相處的時候，你便會發現裡面包含著諸多不喜歡之處。

主持人竇文濤在談話節目《鏘鏘三人行》爆紅之後，電視臺決定給他一檔時事節目，叫《文濤拍案》。與《鏘鏘三人行》的風格不同，《文濤拍案》講大案要案，內容充滿情色與暴力，不設嘉賓。

這個節目，竇文濤從一開始就不喜歡，然而這件自己不喜歡的事，他做了八年。後來，竇文濤在訪談節目《圓桌派》回憶這段時光，說因為不喜歡，總擔心做不好，常常一期節目反覆錄四、五次。

竇文濤說：「有一天錄完節目下班，已經是清晨六點，深圳暴雨如注，那一刻，我心裡只有四個字：生無可戀。」

再光鮮的人、再順利的人生、再喜歡的事，也會有那麼一些時刻心生厭倦，甚至生無可戀。

這就是普通人的人生，甚至可以說是大部分人的人生。

小到保持身材，大到養家糊口，**做好任何一件事都不能僅憑興趣，而是要靠專業、信念與堅持**。

凡事談喜歡，這樣的人，我勸你敬而遠之，因為他們不僅自己一事無成，還專為搭檔、隊友找麻煩。說好聽點是追求理想，以自己喜歡的方式過一生；說不好聽點，就是情緒化，不負責任。

我的副業是開咖啡館。這個行業，只談喜歡、不談責任的人特別多。我一個朋友拿五十萬元出來開店，請了一個合夥人。合夥人特別喜歡做咖啡和烘焙，開咖啡館也一直是她的夢想。

喜歡是本能，喜新厭舊也是本能

聽上去很完美，對不對？但我要告訴你們，創業談夢想、工作談喜歡的人，基本靠不住，記住這一點，你能規避人生九九％的坑。

這個世界上，喜歡與愛一樣，是易耗品，像煙火一樣，易冷。

朋友的店開了不到半年，合夥人的熱情就沒了。產品不更新、管理不用心，四、五月正是生意旺季，而她卻要出門旅遊，一走就是二十天。我朋友求她：「等七月再去好不好，淡季妳想去哪裡就去哪裡，現在好不容易有點生意。」

她說：「不行，我不能為了工作而放棄自己喜歡的事。」

我朋友差點沒暈過去──當初決定開店的時候，妳不是說開咖啡館是妳最喜歡的事嗎？

喜歡是孩子的臉、六月的天，說變就變。

我的女兒小美從四歲開始學鋼琴。我對她沒什麼特別的要求，就是希望她能從小堅持去做一件看上去很棒、實際上枯燥得要死的事情。報名之前，我問過她喜不喜歡，她說喜歡。後來，每到練琴的瓶頸期，小美都恨不得把鋼琴砸了。朋友來我家看到這種情況，建議我別逼孩子，還是選一件她喜歡的事情讓她做，這樣才能事半功倍。

我告訴你們，這種雞湯千萬別喝。我們來分析一下人性：喜歡是我們的本能，同時，喜新厭舊也是我們的本能。如果凡事按照本能，那麼人人都是失敗者。

而且，教育本身就違反人性。亞洲音樂天王周杰倫算是天才了，兩歲會哼歌、三歲唱得有模有樣，去媽媽同事家，摸了鋼琴都不想走。周杰倫這麼喜歡音樂、這麼有天賦，學鋼琴的時候怎麼樣？不想練琴，被他媽媽葉惠美用藤條打。

人生實苦，喜歡並不能讓它變得容易。幸運的是，我們還擁有另外一種人性：容易被成就感支配。

喜歡是站在山下看山上的風景，而成就感是半山腰的觀景臺。

在本能的喜歡與有效的成就感之間，一定有一段上坡路。**支撐你完成這段上坡路的不是喜歡，而是信念。**

喜歡本身無法成為信念，只會成為我們見異思遷的藉口。

幼稚的人談喜歡，成熟的人談責任。**一件事，有所成，一定是一〇％的喜歡加九〇％的責任**。

成功是在喜歡與厭倦之間螺旋式的上升，上升的成就感支撐我們一次次對抗厭倦，到達柳暗花明的境界。過度強調喜歡的人，在第一個厭倦到來的時候，就會換一個坑位；於是，他們跳來跳去、筋疲力盡，永遠只能在山下看風景。

英國小說家威廉・薩默塞特・毛姆（William Somerset Maugham）說：「為了心靈的安寧，人最好每天做兩件自己不喜歡的事。」然而，愛因斯坦又說：「興趣是最好的老師。」

你看，連偉人的說法都不一樣，難怪我們聽了再多道理，也過不好一生。但如果讓我二選一，我選毛姆，因為愛因斯坦是天才。

天才橫空出世，世界為之讓路，而普通的我們想要活出自我，最好是每天心平氣和的去做兩件自己不喜歡的事。在日復一日枯燥的歷練中，化喜歡為信仰、化興趣為力量，找到自己的節奏，活出自己喜歡的樣子。

“強者談堅持，弱者才談喜歡。”

3. 人生就像跳高，要用挑戰失敗來宣告成功

在成長的路上，沒有真正的失敗者，只有挑戰者——以挑戰失敗來宣告成功。

——佟十二

每個人在成長的路上難免會有徬徨失措的時候，躊躇不決，會不可避免的陷入掙扎和痛苦之中，輾轉難眠。因為生活總是如此殘酷，並不是你付出努力，就一定會有回報，也不是你努力向上，就可以站到高處。

人在勞而無功的時候，在付諸努力、卻見不到成效的情況下，就很容易掉進沮喪的坑洞裡，質疑一切的努力。努力真的有用嗎？成長真的有那麼重要嗎？

我來分享一個故事。兩年前的某天夜裡，一位讀者在微信上試探性的問我是否在線上。

當時，我正在趕一篇稿子，說來也巧，他私訊我的時候，稿子剛好寫完，一個人在大半夜丟訊息過來，必然是有事情的。所以，我們的聊天也就此展開。

這位讀者來自山東某個農村，父親患病多年，不僅常年服藥，而且幾乎做不了重活，全靠他母親一個人持家。常言道，窮人家的孩子早當家。

從高中起，他每年暑假都出去打工賺錢，試圖減輕母親肩上的擔子，而他的成績始終名列前茅，從未跌出年級前十。

高考時，憑藉著穩定的發揮，他上了一所知名大學，大學四年，勤工儉學，長期兼職兩份工，還能拿到全額獎學金。大學畢業後，他去了深圳，正式步入職場。

他找我聊天的那天夜裡，剛加班結束，想起遠在老家的父母，想到高到令人絕望的房價，想到事業發展平平的自己，心中百感交集。

他感慨道：「這麼多年，我一直很努力，因為我知道自己家裡的情況，我真的沒資格不努力。我們公司經常需要加班，為了多拿點加班費，這幾個月來我沒有休息過一天。為了能有更好的發展，我自己掏錢報了幾個培訓班，每天我不是在工作，就是在為工作做準備，可即便我如此努力，我發現，我的生活一點好轉的跡象也沒有，心真的好累。」

我算是一個不錯的傾聽者，但並不擅長安慰人。

我說：「如果你感到累了，那就停下來歇歇，然後再出發，不要質疑努力的意義。一來，除了努力，你似乎沒有更好的選擇；二來，如果你能保持這樣的成長節奏，每天進步一點點，給自己些許耐心和信心，我相信你一定會得到回報的。」

兩年後的一次聊天，得知他已經買了房，雖然不是在繁華地帶，但畢竟是在一個城市有了屬於自己的家。

而更可喜的是，他有了自己的公司，業務運營良好，事業趨於穩定，一切都朝著美好的軌跡發展。

美好的人生並非遙不可及，哪怕你的處境再糟糕，只要你能每天成長一點點，每天向上一點點，終有一天，你會過上自己想要的那種生活。

這就是努力成長的意義。

每天一%的改變，也能帶來巨大成就

古人云：「不積跬步，無以致千里；不積小流，無以成江海。」

這是出自戰國時代儒家學者和思想家荀子的《荀子．勸學》裡的一句話，意思是說：沒有一小步、一小步的積累，就沒辦法到達千里之外的地方；沒有一條條小河流的聚集，那麼就沒辦法匯成浩瀚無際的江海。

我之所以認定這位讀者終有一日能擁有他想要的生活，是因為我相信堅持成長的力量。

雖然每天成長一點點看起來效果甚微，但只要堅持下去，積累到一定程度，當量變引起質變的時候，其所爆發出來的能量往往是很驚人的。

但是，在今天這個物欲橫流、光速發展的時代，這種一點點向上成長的處世方式顯得極為笨拙，不少人對此頗為不屑，瞧不起、看不上。

做自媒體這幾年，我遇到不少前來交流的讀者。坦白講，有不少讀者的價值觀是很有問題的。

在他們看來，一蹴可幾是完全有可能實現的。很多人過於追求走捷徑，總想著一步登天，做著一夜暴富的美夢。

其實，我並不反對一個人走捷徑，能做到高效和聰明的努力，這是一種很了不起的才華；我也不否認這世界上確實是存在捷徑的，正如小米的創始人雷軍所說：「站在風口上，豬都可以飛起來。」

但是，有兩個問題不得不去考慮：一是，一旦這股風過去了，那麼這只飛起來的豬就會摔下來；二是，一般人很難能看到這股風，而且你根本無法預知它到底能刮多久，是一天，還是一個月。

很現實的一種情況是：無論哪個行業，那些能長久屹立不倒的人和企業往往看起來是很笨拙的，而那些看似很聰明機靈的人，通常走不了太遠。

實際上，那些懂得暗暗下笨功夫，有耐心一點點成長，穩扎穩打的人才是真正聰明的人，他們往往深知厚積薄發的道理。厚積薄發的力量到底有多強大呢？

有一個很有意思的公式，不妨來看一下：$1.01^{365}=37.78$、$0.99^{365}=0.03$。從表面上看，一．〇一和〇．九九的差距微乎其微，但前者每天成長進步一點點，後者每天倒退一點點，日復一日，年復一年，這兩者之間的差距就會變得很大，有著天壤之別。再例如，以一．〇二和〇．九八為例，它們之間的原始差距也很小，但經過時間的積累，其結果是這樣的：$1.02^{365}=1377.41$、$0.98^{365}=0.0006$。

很多時候，其實並不是成長沒有意義，而是還沒有達到一定的程度，還不能引起質變，必須持續積累、不斷成長。

所以，千萬不要小看人生路上那一點一滴的進步，不要小看那些埋頭專注成長、暗下功夫的人，這些人才真正能成事，能走得遠。

從經濟的角度來講，堅持成長的意義在於可以幫助我們改寫人生，扭轉乾坤，能讓我們擁有更好的生活。但在我看來，成長的意義遠不止於此。

泰國的公益短片素以含意深刻而著稱，我曾經看過一支關於孩子成長的短片，受益良多。

短片講的是，有個小男孩很喜歡踢足球，但無奈天賦平平，基本功也不太好，所以自己頗為沮喪。幸運的是，他有一個優秀的媽媽，一直不斷的鼓勵他。

在媽媽的鼓勵下，小男孩重新燃起信心，每天堅持刻意練習弱項，一天天強大了起來，最終在比賽中，他用自己原本最不擅長的頭球方式破門得分，讓球隊贏得了比賽。

故事很簡單，但這位小男孩的媽媽卻不簡單。她說：「我可能不是最好的媽媽，因為我並不要求孩子得第一名，我只是希望他能每天超越自己一點點。」在我看來，成長最高級的意義就在於不斷挑戰自己、超越自己，所得到的功名利祿其實只是成長過程中的獎品罷了。

知名主持人白岩松說：「很多人問我，哪件事和人生最為相似，我認為是跳高。即便只剩下最後一個選手，即便你已經獲得了最終的掌聲，你也要把橫桿再升高一釐米，進行又一次的衝刺。跳高就是這樣的運動，一定要以最後一次的失敗來宣告成功。」

以挑戰失敗來宣告成功，這是跳高的規則，也是一個人成長的終極狀態，所以**在成長的路上，沒有真正的失敗者，只有挑戰者**。常有人將人生比作一場修行，一個真正優質的人生其實就是不斷自我完善、升級的過程，只有更好，沒有最好，永遠沒有上限。

”

人生沒有真正的失敗者，
只有挑戰者。

“

4. 在生活面前，我們都是摸索著前行

危機的來源從來不在於別人怎麼看待你，
而在於你怎麼看待自己的生活。

——小強大人

如果生活沒什麼波折，便覺得擁有的一切是理所應當的。然後，對於那些想得卻還未得的一切感到焦慮。總覺得別人的是最好的，從而忽視自己已有的一切。

在美國電影《人生剩利組》（*Brad's Status*）裡，陷入中年危機的布萊德，整日因為同窗好友的優秀而陷入自卑：有同學坐私人飛機，自己買的卻是特價機票；有同學四十歲就賣掉了自己的科技公司，然後在沙灘上悠閒度日，而自己還在為非營利組織的工作而四處奔波；有同學全世界跑演講，在白宮工作，還在哈佛當教授，獲得了所有人的尊重，而自己在晚宴上卻贏不到五分鐘的尊重。

布萊德知道比較是一件很愚蠢的事，因為這樣做的時候，不僅會感到自己的失敗，還會隨著時間的流逝，而越發覺得自己糟糕。

當布萊德向正在哈佛讀大學的女孩傾訴時，那女孩說了一段話讓我頗有感觸，她說：「我覺得你很幸運，到五十歲了也依舊認為這個世界為你而轉，你是否有了解過真正的貧窮，當我去印度德里（按：僅次於孟買的印度第二大城市）媽媽家的時候，看到那邊有許多人每天靠著兩美元生活，他們沒有抱怨在晚宴上被人忽略，他們能吃上飯就已經很開心了。別讓我為你感到難過，你過得很好了，你擁有的已經足夠了。」

哈佛女孩的這些話明明是對著布萊德說的，卻喚醒了我。是的，我還沒有到中年，卻已有許多危機感，這樣的危機感來自我身邊那些優秀的同齡人。

我看到高中同學成為網紅，開了自己的網路商店，甚至有了自己的工作室；同在上海的大學同學，租下了一間辦公室開始創業打拚；就連美國《富比士》（*Forbes*）九〇後影響力排行榜，這樣看上去離我遙遠的排名，上面也赫然有著我兩個朋友的名字。

和布萊德一樣，在發現身邊的人如此成功之後，我的內心很恐慌，總感覺自己不如人，沒錢、沒權、沒背景、沒名利。潰敗感時常在深夜襲來，讓我輾轉難眠。可是哈佛女孩的一席話也點醒了我。回顧自己的生活，我所擁有的，至少能讓我過著看上去還算舒服的生活，吃火鍋、逛街、看展，其實我已然足夠幸運。

危機的來源從來不在於別人怎麼看待你，而在於你怎麼看待自己的生活。這個世界上，真正比你困難的人太多了。

生活中，有一幕畫面至今讓我印象深刻：那天上班路上，等紅燈的時候，我看到一個中年女人站在馬路中央，一輛大型貨車正往前開，她突然朝著那輛車徑直走去。貨車一個急煞車，那女子就跌坐在地上。一開始，我還以為是假車禍。等到綠燈亮了，我走到馬路中央，才發現那個女子一邊嚎啕大哭，一邊用嘶啞的聲音吶喊著：「撞死我吧，我不想活了啊。」聽上去是那樣撕心裂肺。

馬路很短，我走到了對面，回頭看，她依舊在車流中穿梭，全身散發著絕望。

我不知道到底是怎樣的悲傷，讓她做出了這樣的舉動。我只知道，她一定經歷了旁人難以想像的痛苦。

生活實苦，我們每個人經歷著或多或少難以想像的痛苦，可生活還是要繼續，就像《A．J．的書店人生》[27]（*The Storied Life of A.J. Fikry*）中的一句話：「只要活著，就會有好事發生。」

這讓我想到了那年夏天，公司舉辦員工旅遊。

當時是八月的酷暑天氣，我們包了一輛車，配了一位司機和一位導遊，我們總是走走停停，比如中午吃完飯，參觀了個景點，如果覺得累，就回飯店休息，等晚上再集合。

我們壓根兒沒去想過，就在我們休息或者玩耍的時候，導遊和司機在哪裡、做什麼。

正巧在飯店休息的同事發現自己的手機掉在車上了，就打電話給導遊問他們在哪裡，導遊說他們就在地下停車場，下來就能看到。

據同事後來的描述，她找到了我們的車，上車的時候，一陣悶熱迎面而來。導遊為了節省錢，在地下停車場裡也沒開空調，就那麼安靜的躺在車裡，儘量減少活動來緩解炎熱。

當我聽到這事的時候，覺得特別揪心。那是八月中旬，最熱的時候，地下停車場沒有通風處，很悶熱，他們一待就是一下午。而我們在空調開到最冷的房間裡，蓋著被子睡著覺。

哪怕如此辛苦，可是每一次見到我們的時候，他們依舊笑呵呵的，沒有任何抱怨，彷彿他們也在飯店好好休息了一番。

對我來說，夏天裡沒有空調的地方都是折磨人的。有時候，從地鐵到公司那短短的十幾分鐘，光是暴晒就已經讓人受不了，更何況那些在戶外工作的人。例如，在馬路中間修柏油地的工人們、在工地裡戴著安全帽的施工者、在每一棟高樓大廈外擦窗的「蜘蛛俠」、在火車站門口頂著烈日賣礦泉水的小販。

每次快到公司的時候，就可以看到入口處警衛亭站著穿西裝的保全，迎著太陽

27 美國作家兼電視劇編輯嘉布莉．麗文（Gabrielle Zevin）的小說。

接待每一位來客。

警衛亭不太能遮陽，他們總是有一半身體是被陽光直射的，也不知道在西裝下的皮膚出了多少汗。更讓人感到過意不去的是，保全還會在你經過的時候，對你投以微笑，我也會不好意思的點頭致意。

為什麼會感到不好意思？大概是覺得自己還比不過一個保全，哪怕烈日當頭，也依舊能露出微笑。

可是你不知道的是，他可能過得一點也不好。

在無數個普通日子裡，把苦痛熬成甜

就比如，我在考研時就認識的朋友，每天嘻嘻哈哈，只要有他的聚會，就從來不會感覺到無聊，所以我總是喜歡和他在一起玩。

他就是那種彷彿永遠快樂，並且讓你也覺得快樂的人。所以那天吃火鍋的時候，他突然跟我說：「阿強，我得了憂鬱症。」我還以為他在開玩笑。

我停下夾牛肉的筷子，看著他，問他是不是真的。

他和我說，他經常整晚睡不著，只有靠著藥物，才能不胡思亂想，他甚至說，有時候還會有自殘的念頭。

那一瞬間，我真的愣住了。我總以為憂鬱症離我很遠，沒想到居然這麼近。我不知道該怎樣安慰他，或許表現得一如往常才是最好的安慰。我表面上看似淡定的繼續吃火鍋，問他具體的情況，其實內心心疼不已。

雖然自己沒有經歷過，無法感同身受的表達，但因為是親近之人的經歷，仍覺得人生真的很艱難。

每個人都有自己想要隱藏起來的那一面，每個人都有自己的悲傷和痛苦，不表達不代表沒有。

剛和你開心的說過再見的人，可能轉身就打開手機，給某個人發著「我很想你，你在哪裡」的訊息；你認為受人歡迎的交際達人，可能翻遍通訊錄也找不到一個可以真正交心的朋友；那一個和你說最近生活還行的朋友，可能正為明天即將要還的信貸而焦慮不安。

我們都有自己的心理問題，也都有自己的弱點；有自己的不堪，也有自己的驕傲。我們憑著一絲倔強，熬過艱難的一天，然後又靠著幽默來自嘲當年的煎熬。還記得阿里巴巴集團創辦人馬雲曾說：「今天很殘酷，明天更殘酷，後天很美好，但是大多數人都死在明天晚上。」

那些當下看來比天塌了還痛苦的折磨，最後會變成你人生路上寶貴的回憶；那些當初認為是壓倒駱駝的最後一根稻草，到最後，也成了你能笑著講出來的趣事。

在這個世界上，總有人承受著你想像不到的痛苦和折磨，總有人比你還慘，卻依舊樂觀的活了下去。沒有人是真正的絕對快樂，快樂從來是自己給的。

沒有誰的生活輕而易舉，在生活面前，我們都是摸索著前行。

總會有一個更優秀的你，在尚未抵達的終點等著你，你終會到達那裡，笑一笑的提起曾經不容易的生活。而我們這一生都在做的就是，**在無數個普普通通的日子裡，把苦痛熬成甘甜，全力以赴，好好生活**。

其實，正如我在開頭提到的，布萊德意識不到自己已經享有的一切是多麼幸運，我們也同樣忽略了，其實現在是我們往後餘生中最好的年紀，身體安康、親人健在、現世安穩。可惜我們看不見自己已經擁有的美好，總因為一點小事，心情就一團糟。

現在，就是你餘生最好的年紀。

5. 做人要有幾分孩子氣

我們都想變成無憂無慮的孩子，卻最終活成了患得患失的大人。——長歌

有人說：「成長是一筆交易，我們都用樸素的童真與未經人事的潔白，交換長大的勇氣。」

年歲漸長，我們一點點長大、一點點成熟、一點點丟掉自己的孩子氣。我們越來越圓滑，越來越世故。生活也不再有小時候的快樂。

做人要有幾分孩子氣。保留一份孩子的童心，才能保留一份真誠和快樂。

中國著名教育家陶行知曾說道：「往往大人寫幾千字的文章，雖無錯字，或不通之處，但是無趣味、無價值。孩子寫得很短，許有錯字或不通之處，但頗有意思，因為他是真的。」

孩子氣是一種真誠。隨著年齡慢慢長大，我們開始學會編織謊言，隱藏自己；我們開始言不由衷、言行不一，一點點丟掉了那個真實的自己。

蘇軾小時候，母親教他讀書。讀到《後漢書．范滂傳》的時候，蘇軾深受感動，立志要成為東漢大臣范滂那樣忠義正直的人。

長大之後，蘇軾被迫捲入黨爭。王安石當政，推行新法，他與王安石爭執，認為新法害民；司馬光上臺，廢盡新法，他與司馬光爭吵，認為舊法腐敗。他在地方上待了十幾年，對新法舊法的利弊瞭若指掌。新法有問題，他要指出來；舊法有問題，他也不願隱瞞。他不站邊、不結黨，始終對事不對人。無論何時，都保持著一份真實與坦蕩。

明代思想家、文學家李贄說：「若失卻童心，便失卻真心；失卻真心，便失卻真人，人而非真，全不復有初矣。」

人生幾十年，如果不能按照自己的內心去活，實在是太累了。真實是人生的根基，失了根基，人生不過是虛無縹緲的空中樓閣。

保持一份真誠，問心無愧，坦坦蕩蕩，才是人生最大的幸運。

像個孩子一樣簡單，不簡單

孩童時代，沒有生活的壓力，沒有名利的困擾。一個沙堆、一個玩具，就能開心半天。長大了，想要的東西越來越多，煩惱也越來越多。

《道德經》裡講：「知足者富。」膨脹的欲望讓人永不滿足，這是痛苦的源頭。懂得知足，才是真正的富足。

蘇軾被貶到黃州之後，生活一度困頓，沒有收入，全靠積蓄過活。過去的優渥生活與蘇軾絕緣，但是蘇軾卻沒有抱怨。

他在黃州城東開闢了一塊荒地，取名「東坡」。他建築房屋、自己鑿井、移栽樹苗、築造水壩、春種秋收，儼然老農一般。就如同詩中所述：「去年東坡拾瓦礫，自種黃桑三百尺。今年刈草蓋雪堂，日炙風吹面如墨。」他頂著太陽，耕田、插秧、灌溉，扶著牛犁，在山野中耕田。看到地上冒出青苗，他會歡喜得像個孩子；看到稻穗飽滿，他會得意滿足。

東坡在田裡耕作，越來越覺得自己像當年避世隱居的東晉末期南朝宋初期詩人陶淵明，他甚至把陶淵明的《歸去來兮辭》改編成一首歌，然後教給一起耕作的人。他自己拿著小棍，在牛角上打著拍子，和大家一起唱，一時間，山野之中到處是歡聲笑語。

作家周國平說：「凡童心不滅的人，必定對人生有著相當的徹悟。」

黃州地處偏遠，很少有人賣羊肉。僅有的羊肉被達官貴人買去了，蘇軾想解饞，於是他就去買別人不要的羊脊骨。他把羊骨放在火上烤，然後灑燒酒、撒調料，吃得津津有味。他在信中對弟弟誇耀，這樣做出來的羊骨頭，裡面的骨髓比海鮮還好吃，就是旁邊的狗不太開心。

無論生活多麼艱難，蘇軾都能笑得出來。他把身外之物看得很輕，安然自若的享受當下的美好。

我們都想變成無憂無慮的孩子，卻最終活成了患得患失的大人。大人有太多的放不下、看不開，所以才活得那麼累。

小時候，日子漫長得好像沒有盡頭。隨著長大，日子陡然加快，一晃之間，鬢邊竟已有了白髮。

小時候，我們對這個世界充滿了好奇，沒日沒夜的探索，日子每天都是新的。但是長大之後，工作生活兩點一線，日復一日，數十年如一日，怎麼能不覺得光陰易逝？

年紀漸長，我們經歷過挫折，明白了人心的複雜，知道了世界的功利和冷漠。對世界的好奇心越來越少，對生活的熱愛也越發少了。法國思想家羅蘭說：「世上只有一種英雄主義，就是認清生活的真相之後，依然熱愛生活。」

蘇軾一生仕途不順，半輩子在貶謫的路上。但是他讀書、繪畫、書法、學醫、廚藝、耕地、政務、水利，一個都沒少。他的詩歌至今有人傳唱，他的《寒食帖》被譽為「天下第三行書」（按：第一是王羲之的《蘭亭序》，第二是顏真卿的《祭姪文稿》），他的東坡肉收入中華民族的美食食譜，西湖的蘇堤至今矗立，海南的學堂依然有他的傳說。

對生活巨大的熱情，讓蘇軾沒有被政壇的風雨所淹沒，反而活得津津有味。

童心不是一種年齡，而是一種能力，一種對生活保持熱情的能力。人生的興趣與愛好充實著他們，支撐著他們。他們的生活豐富而精采，不會被打垮，更不會輕易老去。

每一個大人都應該向孩子學習，學習一份真誠與簡單，學習一份熱情與豁達，學習一份孩子氣。孩子氣是一個人的福氣，讓他們永保天真，簡單而快樂。

“童心不是一種年齡，而是一種能力，一種對生活保持熱情的能力。”

6. 所有的逆襲，都是有備而來

即使沒有結果也沒關係，繼續努力，
走過低谷，人生的這條波浪線總會往上走。

——晏凌羊

我出生在雲南一個貧困小村莊，父母都是農民，我甚至連小鎮女孩都算不上。小時候，家中的經濟狀況總是捉襟見肘。上小學時，我們家是全村少數幾家用不起電、買不起書桌的人家。我時常趴在母親的陪嫁衣箱上寫作業，煤油燈就放在衣箱上面，稍不留意，我就能聞到頭髮被煤油燈燒焦的氣味。

兒童節要表演，我需要一條裙子，可家裡沒錢買，我媽就把壞掉的雨傘的傘面拆下來，替我縫製了一條；塑膠涼鞋穿爛了，沒錢買新的，我爸就用燒紅的鐵片把斷了的地方黏合起來。

我們全家經濟狀況稍微改善一些，是在我大學畢業開始工作以後。高考在某種程度上改變了我的命運，我當時考了全市文科第一，得到了有生以來的第一筆獎金。頒獎儀式的前一天，學校老師通知我說，電視臺會去拍幾個鏡頭，希望我穿得體面一些。我火速跑去市場買了一件衣服。那件衣服的價格我至今記得，二十五元，當時是二〇〇一年，那是我十七歲之前買過的最貴的一件衣服。

上大學，是我頭一次去大城市。很多人根本想像不到，城市文明對我這種鄉巴佬，會造成多大的心理衝擊。

我沒見過、沒穿過羽絨衣，不知道世界上有空調、暖氣。我也沒見過、沒用過沖水馬桶，上完廁所不知道按哪個按鈕沖水，在廁所裡急得滿頭大汗，又不好意思問人。我沒見過、沒坐過火車、地鐵、飛機，第一次去大城市只顧著感慨：這裡真大、人真多，別人怎麼都那麼有錢。

上大學期間，我所有的學費、生活費都是貸款來的，整個大學期間沒花過家裡一點錢。畢業後，當跟我一起參加工作的同事已經開始賺錢投資、買房的時候，我每個月領到薪水後的第一件事是繳就學貸款。

跟朋友們講起這件事時，我總是自嘲說：「別人畢業後就開始打地基建房子，而我得先填坑。等我把坑填滿了，準備開始打地基建房子了，發現別人建的房子已經兩層樓高了。」

二〇一〇年，我在廣州買了第一套房子，位於市中心、很小，照例沒花家裡一點錢。而我身邊的有些同輩，因為家裡幫忙，早就在房價飆升之前買了大房子。十年過去，當初買房產生的財富效應，大家都看到了。

出身不同，人生的起點就完全不同。一個富二代什麼都不做，他擁有的財富可能就夠你少奮鬥幾十年。如果你的出身不好，你就沒辦法借力使力，在城市裡打拚，一切只能靠自己。你必須比別人跑得更快、堅持得更久，才有可能和別人站在相同的位置上。

努力追趕的過程是漫長的，你要先花很多年的時間，彌補上一代造成的資源差距，然後還要花很多年時間才能趕上周圍的人。彌補這些劣勢，有人需要五年，有人需要十年，有人需要二十年。如果出身比你好的人，比你還努力，那你只有被碾壓的分。

大多數出身不好的人內心都認為：我們要付出更多的努力，在原則性的問題上不能輕易犯錯，才能擁有一個更好的人生。

也許正是因為這樣，我早早接受了我的出身，接受了自己的人生負荷比較沉重的事實，接受了自己在很多事情上確實不夠幸運，並且承擔起它們帶給我的後果，想辦法尋求改變。

高三的時候，我幾乎從不午休，也從沒在晚上十二點以前入睡過。即使放假回到家，我做的寒暑假作業，也是別人的兩、三倍。除了老師規定的作業外，我還自己額外多做一些。

我深知自己並不是很聰明，從來沒有過目不忘的本事，所以像政治、歷史等文科課程，我用的是最笨的辦法：背誦。僅一本歷史課本，我就來來回回翻看了二十七遍，以至於到了高考前，我甚至清楚的記得哪一張歷史插圖大概在哪一段文字下面。

上大學後，家裡給不了我一分錢，我靠就學貸款完成學業，連生活費也靠貸款。當時，我每個月生活費兩百五十元，省吃儉用，從不到餐廳吃飯，很少出去玩，並積極尋找各類兼職。

感情路上，我吃的苦也不少。或許是我眼光不行，或許是我有性格缺陷卻不自知，我婚姻並不美滿，但是那些「前任」帶給我的傷害，最終都變成了我的稿費。我出版了幾本書，成了情感勵志暢銷書作者，擁有了很多喜歡我的讀者。

後來，我從體制內離職開始創業，成了一家公司的創始人。有時候，我也會回想起在稻田裡勞作十來歲的自己，然後恍恍惚惚的覺得眼前的生活有些不真實。

如今的我，可以帶著女兒飛去世界各地旅遊、可以在全國的書店裡看到我自己寫的書、可以跟那些我曾經仰視的人坐在一起喝咖啡，而這些，是那個十來歲的農村女孩完全無法想像的事。

回首這些年，我遇到過無數艱辛，但不管經歷多少次挫折、多少次失敗，我都會逼著自己咬牙堅持，摔倒了也要提著裙角勇敢站起來。即使帶著滿身泥濘，也要繼續向前奔跑。只要命運還沒有消滅我，就是在給我從頭再來、勇敢前行的機會。

我很慶幸，我一直走在進步的路上，一直在試圖遠離那個糟糕的自己，一直在嘗試蛻變成一個更好的人。

九〇%以上的人，都止步於戰勝自己

對每個人來說，人生都是一條時高時低的波浪線。只要生命不止，它就一直在波動。如果此時，我們沒有站在高點，可能就是還不夠努力，還沒到時間，那麼我們唯一要做的就是永不放棄，繼續努力。也許在未來的某天，或許是下個月，或許是下一年，你渴望的結果就會到來。即使不來也沒關係，繼續努力，走過低谷，人生的這條波浪線總會往上走。

這些年，我也深切感受到，一個不大好的出身帶給我的，不僅僅是經濟條件上的困窘，還包括思維和性格裡的局限。我一路橫衝直撞，走過很多彎路、流了很多血淚，嘗試去重塑自我，重新打造一個更豐盛的人生。

在人生的某個階段，我很羨慕那些比我出身好的人。可是現在，我不羨慕了。很多人不停的埋怨自己出身差，卻缺乏重建自己的行動力。與其說他們命不好，不如說他們缺乏改變自己的勇氣和力量。

讓一個人打碎自我，逼著自己離開原本熟悉的環境，是很難的。

這需要非凡的決斷力、覺知力、勇氣和毅力，而我還是那句話：你捨不得對自己狠，世界就會對你狠。與其坐等命運的凶狠，還不如先自我重塑、改善自己。

人們經常口頭上喊著要超越別人，其實我們最應該先超越的是自己。只有你戰勝了自己，你才可能有贏過別人的勝算。為什麼？

因為九〇%以上的人，都止步於「戰勝自己」這個階段。如果你有勇氣成為那一〇%的人，你就是贏家。

我始終相信，不管這世界多麼不公平，它還是向勤奮、勤勞的人敞開的。畢竟像我這樣出身的鄉下女孩，都能憑藉著自己的努力，在城市扎根下來並生活得很好。這不是倖存者偏差，這只是天道酬勤亦酬勇。

你敢，所以你值得。

你捨不得對自己狠，
世界就會對你狠。

7. 用責任去謀生，讓喜歡變成熱愛

這個世界上，能把愛好走到巔峰的人很少，
更多的人是社會底層小人物，只憑著一份責任感咬牙死撐。

——馬夢舒

這幾年，「副業剛需」（按：指把副業當作必要的需求）一詞非常流行，從明星到普通人，開啟了人生備選方案。我的朋友中也有很多人做副業，其中做得最好的是我朋友阿辰。

阿辰的本職是在小公司做行政工作，每天忙忙碌碌，卻只月入三千元，勉強餓不死。於是她就擠出時間寫文投稿，很快，她成了幾個雞湯類大號（按：指中國社群軟體微信上粉絲眾多的公眾號）的簽約寫手。

每個月的稿費是薪水的好幾倍。年初，她又開了付費社群，做得風生水起，每日忙得不可開交。

我們都勸她辭掉行政工作，專心做自己的事業。畢竟主業占用的時間很多，創造的價值卻不成比例。阿辰自己卻不願意，而是另外花錢僱了個助理，幫自己打理社群。

阿辰解釋說：「我不想把愛好拿來謀生，因為我害怕生活壓力會磨掉我對寫作的熱愛。」

謀生和愛好真的勢不兩立嗎？

沒有一份愛好，本意是為了謀生

我的表姊陳嵐從小就很優秀。她長得很美，又喜歡彈鋼琴，而且是那種既有天分又肯刻苦耐勞的小孩。

小孩子都貪玩，而她卻不需要父母的催促，每天主動練琴。小小年紀就過了鋼琴十級（按：表初級水準），各種獎項拿到手軟。不止一個老師誇獎表姊說，如果她願意，以後會是一個很好的鋼琴演奏家。

親戚朋友們以為表姊一定會順理成章的報考鋼琴相關科系，以後從事鋼琴表演。卻沒料到高考的時候，表姊填報的志願竟是人力資源管理、國際經濟與貿易和法學這些專業，與鋼琴沒有任何關係。

親戚們都替她惋惜，畢竟多年來，表姊為鋼琴付出了太多。而表姊卻很坦然。她說：「有一次，當我看見我的鋼琴老師因為沒招到足夠的學生，交不起房租時，我就決定這輩子不靠鋼琴來謀生。我只喜歡彈奏鋼琴時的安靜和沉醉，卻不想讓任何瑣碎的事情毀掉這份單純的美好。」

愛好是人對美好事物發自內心的熱愛。它就像愛情，不知所起，卻足夠心動。也許某一刻，你會因一段旋律而莫名歡喜；也許某一時，你會被一抹晚霞震撼心神；也許某一天，你修理鬧鐘，卻發覺齒輪的咬合如此迷人；也許某一日，你初學煮飯，對各種食材的組合迷戀不已。

你因心悅而喜歡，因喜歡而愛好，但沒有一個愛好的初心是為了謀生。

當愛好變成謀生的手段，熱愛就變成了壓力

同事阿非是公司裡最愛茶的人。他不但愛喝茶，更愛鑽研茶。六大茶類，數百種茶葉，他能如數家珍。配套器皿，沖泡要領，他講起來頭頭是道。去茶館時，他泡茶的動作比茶藝師還專業。品起茶來，他比茶館老闆還知道來龍去脈。

我們開玩笑說：「阿非做業務員真是可惜了，你應該去開茶館，那一定會是本市最好的茶館。」阿非也十分得意，直呼現在的工作埋沒了他的天分。

後來，阿非和老闆因為一個客戶的投訴而吵得不可開交。一氣之下，他真的辭職了，租了個店頭，開起茶館。阿非對茶館投注了不少心血，不但裝修十分有韻味，特意選用青石鋪地、原木桌椅，還在西牆開了個大大的月洞窗。茶選得更是十分精心，既有熱賣的常見茶，也有自己透過關係弄到的稀有名茶。去過的同事都對茶館讚不絕口。

沒想到，不到兩個月，阿非就轉讓了茶館，自己重新應聘做業務員。有人問起

原因，阿非長嘆一聲說：「我原以為開茶館就是每天品品茶、聊聊天，又清閒又體面。可這一個月，每天我睜開眼睛，想的就是昨天的收入還不夠房租，員工薪水還沒著落。到了店裡，不是這款茶缺貨，就是那款茶庫存太多。有時候還會碰到難纏的客人。每天都是這些瑣事，哪裡有心思安安靜靜喝一壺茶。」

我們總是憧憬每天能做自己最喜歡的事。但是我們卻忘記了，**愛好是夢裡的詩和遠方，謀生卻是現實的苟且。當愛好變成了謀生的手段，熱愛就變成了壓力**。

不是所有人都能承受這份壓力，把壓力變成動力。更多的人是在壓力下，忘記了簡單的初心；在瑣碎中，迷失了當初的快樂。

能把愛好走到巔峰的人，很少

中國當代科幻作家劉慈欣曾在訪談節目裡談起他創作《三體》時的經歷。那時，他在一個國有企業上班，工作不多，幾乎沒什麼事情。於是他就一邊在辦公室裡清閒工作賺薪水，一邊摸魚寫作。

此言一出，刺激到了一眾被「996[28]」壓迫的上班族。有人酸溜溜的評論，如果劉慈欣成天為了三餐而發愁，大概他早就改行了。如果《三體》是網路小說，每天要拚訂閱量和閱讀量，故事便未必能寫得這麼深刻。

可惜劉慈欣的經歷只是一個屬於時代的特例，普通人的日常還是要每天為了生存而拚死拚活。因此，選擇用什麼職業來謀生就至關重要。

有人曾說，想要做好一件事情，一定要先熱愛它，只有熱愛，才能做到極致，只有做到極致，才能實現成功。所以，一定要選擇自己喜歡的事情作為職業。

道理很正確，可現實是，由於天賦的不同和資源的不平衡，只有極少數的人能夠出類拔萃。**大多數人拚盡全力，也只能做到平凡**。而**在喜歡和擅長的領域遭受失敗，比在別的領域遭受失敗更受打擊**。

這個世界上，能夠像李安和張藝謀那樣兼有天賦和努力，能把愛好走到巔峰的人鳳毛麟角。更多的人是社會底層的小人物，在一日日平凡而重複的工作中，消磨

28 早上九點上班，晚上九點下班，每週工作六天。

掉激情，只憑著一份對家人和公司的責任感咬牙死撐，艱難謀生。

若你的天賦不夠出類拔萃，你的努力也做不到拚盡全力，那麼最適合你的人生道路就是用責任感來謀生，儘量把工作做好，用穩定的收入保障自己和家人的溫飽。再用業餘時間，單純的喜歡你的愛好。既可以孜孜不倦的深入研究，有機會在喜歡的領域大放異彩，從此開啟新的人生，也可以淺嘗則止、娛樂本心，只求在被生活碾壓到體無完膚時，留一片真正喜歡的領域，找回自我。

這樣的人生也許不夠出類拔萃，卻能讓自己的餘生過得舒適。

毒雞湯不告訴你的事：

能把愛好走到巔峰的人，很少。

第五章

人生很短，把時間留給在乎你的人

那些轉身離你遠去的人，你不必追；
虛情假意待你的人，你也不必為他傷懷。

1. 時間是最好的試金石，會幫你留下真正值得的人

身邊的人來來往往，可是有些人卻永遠都不會離開。離開的都是風景，留下的才是人生。

——師父曰

有句話說得很好：「這世上所有好的感情，都必然經得起時間的檢驗。」時間，看似無情，卻最公正。時間如鏡，能顯露真心；時間如篩，會篩選真情。回頭看一下你身邊，那些留在你身邊的人，是不是就是你生命中最珍貴的人？很喜歡清朝詞人納蘭性德的《木蘭花令．擬古決絕詞》中的「人生若只如初見，何事秋風悲畫扇。等閒變卻故人心，卻道故人心易變。」每次讀到這兩句詞，都會莫名感傷。

都說相愛容易，相守難。愛一個人很容易，但愛一個人一輩子卻很難。

經常聽到許多步入婚姻的朋友抱怨說：「明明婚前我們那麼相愛，為什麼婚後的日子卻過成了一堆雞毛蒜皮小事？」

是相愛的那個人變了嗎？我想不是的。婚前我們展示給對方看的都是最美好的樣子，但婚後卻不同。

當我們逐漸向對方暴露出自己的各種缺點，當我們不能跟對方的「缺點」友好相處時，我們的婚姻就很容易走到盡頭。

換言之，**並不是人變了，而是時間讓你看清了一個人。人心並不易變，只是難以看清。他對你是真是假，只能透過時間來檢驗。**

大家還記得演員胡茵夢吧！在那個年代，胡茵夢的容貌和才華都堪稱完美，她是七〇年代無數男人的夢中情人。李敖對她更是一見鍾情，為了和她結婚，不惜折損兩百一十萬臺幣的分手費給當時的女友。但婚後，他們兩個人最真實的一面開始一一顯露。李敖看不慣胡茵夢在家裡光腳走路，還嫌棄她不會下廚煮飯。就因為忍受不了女神這不完美的一面，他們這段婚姻只維持了一百一十五天。

想想也是相當可笑的。愛情是一時的激情，婚姻卻是長期的磨合。詞壇泰斗喬羽和夫人曾受邀上訪談節目《夫妻劇場》，主持人便問他們「相濡以沫、白頭偕老」的祕訣。

喬老笑著答道：「一個字——忍！」他的夫人又馬上搶答道：「我是四個字——一忍再忍！」

一個真正愛你的人，肯定願意忍受和包容你的所有缺點。

劉嘉玲也曾在一檔節目中吐槽過梁朝偉的各種缺點：不做家務、生活挑剔、不合群，就連他們的婚禮，所有流程的策劃安排都是劉嘉玲一手包辦的，梁朝偉只在恰當的時候出現，完成他新郎的角色。但儘管這樣，劉嘉玲依舊無怨無悔的陪在梁朝偉身邊二十多年，像她自己說的：「長久的婚姻，肯定是相互的忍耐。」

那些留不住的愛人，並不是被時間沖淡了感情，而是雙方都還學不會忍耐。即便是再合適的人，也需要在漫長的歲月裡，彼此忍耐，互相饒恕，兩相寬憫。

別為離開浪費眼淚，時間帶不走真正的朋友

慢慢長大，我想你我應該都有這樣的感受：我們認識的人越來越多，但是能夠談心的人卻越來越少；社群好友越來越多，但是能夠約出來吃頓飯的卻越來越少。

而且，常常會覺得，所謂的「朋友」好像漸漸被時間帶走了一次又一次，不論是距離遠了、交集沒了，還是聯繫少了、感情淡了。

人生的每一個分岔路口，好似都有朋友跟我們分道揚鑣，漸行漸遠……我們總不自覺，為那些流失在歲月長河裡的人傷懷感慨，但你要知道，時間並不會帶走真正的朋友。

時間，就像一臺巨大的過篩機，它會幫你篩選真情，過濾掉各種因距離太遠、價值觀不合、沒有交集等因素而漸行漸遠、沒那麼重要的人。而能夠留下來的那些人，就是真正的朋友，無關乎金錢和利益，只有細水長流的陪伴。

時間悄無聲息，卻能見證真情。

我們家每年冬天，都會收到一塊來自四千九百八十七公里外的自製臘肉，二十

多年從未間斷過。而送臘肉的，就是我媽媽的好朋友宋姨。年輕時，她們兩個總是形影不離，有共同的愛好、共同的理想，別人都笑稱她們是「雙生姐妹花」。本來兩個人約定好要一起上同一所大學，但高中還沒結束，宋姨就被家裡安排去國外念大學。後來兩人又約定好要在同一天步入婚姻的殿堂，但還是未能如願。

可就是這樣，她們兩個人的來往依然不曾間斷。宋姨每年過年依然從很遠的地方，翻山越嶺送來臘肉，有時候還帶家人一起來吃年夜飯。

我媽媽時常說，她每年最期待的就是與她這位好姐妹見面，閒話家常，說說生活的煩惱，回憶年少時的那些往事。

走過半生，身邊的人來來往往，可是有些人卻永遠都不會離開。這也印證了一句古話，**離開的都是風景，留下的才是人生**。

老酒味醇，老友情深。朋友，就像古董，越老越珍貴。如果你這一生，有幸擁有這樣的朋友，望你萬分珍惜！

有一句話說得特別好：「**真正的感情，經得起爭吵，受得了想念，忍得了離別，也熬得過時間。**」不管是愛情還是友情，皆是如此。

人和人剛相識的時候，總把最好的一面展現給對方，但相處久了，缺點就會開始暴露。但你要知道，你的缺點也許會趕跑許多人，但真正愛你的人，就是把你看透了，依然不會嫌棄你。

時間就是最好的試金石，它會幫你留下最值得的人。那些轉身離你遠去的人，你不必追；虛情假意待你的人，你也不必為他傷懷。那些經歷過風霜雨雪，依然不離不棄、默默陪伴在你身邊的人，你一定要用力去珍惜。

時間無言，不會說謊，所以它最真實。願你相信，時間，一定會幫你留下最真的人！

“有時並不是人變了，
而是時間讓你看清了一個人。”

2. 誰說人生不完美，不，完美

做什麼樣的人，比擁有什麼樣的人更重要；
願你我能夠學會接受，給予親人最為輕鬆的愛意。
——閆紅

張愛玲的媽媽黃逸梵晚年時聽說張愛玲結婚了，高興的給自己的忘年朋友邢廣生寫信，說：「又免了我一件心願。」

這幾個字，我看了很久，天下媽媽大概都是這個心思，希望女兒能找到一個陪伴她、照顧她的人。但是放在黃逸梵身上卻讓人感動，又有些訝異。此前看了張愛玲太多的文章，總覺得她是一個時髦高傲到不太懂得母愛的女人，原來她還有這份放不下？

如今回過頭來再想，真不能說張愛玲的媽媽不愛她。

在經濟很拮据的情況下，她為張愛玲聘請了五美元一小時的家教；為了讓張愛玲受到很好的教育，她拒絕兒子的投奔；那麼矜持的人，去世前曾給張愛玲發電報，想要再見她一面，然而張愛玲卻只是給她寄了一百美元而已。黃逸梵對女兒依舊沒有一絲怨恨，她知道，二十世紀，做父母只有責任，沒有別的。最後她將一小箱古董留給了張愛玲。

但我也能夠理解張愛玲心中的芥蒂，黃逸梵的問題不在於有沒有愛，而在於她做人太緊繃，不能接受家人，尤其是女兒的不完美，張愛玲後來活得那樣緊張敏感，黃逸梵有很大責任。

張愛玲在散文《天才夢》裡，半開玩笑的說，她十六歲時，媽媽從法國回來，將暌違多年的女兒打量了一下，對她說：「我懊悔從前小心看護妳的傷寒症，我寧願看妳死，不願看妳活著處處受苦。」

看到這裡，是不是很想替張愛玲問一句：「我到底怎麼了？」

張愛玲沒這麼直接，她只是說母親給她兩年的時間學習適應環境。除了教她洗衣煮飯的生存技能，黃逸梵還要張愛玲練習行路的姿勢；看人的眼色；照鏡子研究面部神態；如果沒有幽默感，千萬別說笑話……。

最後，黃逸梵還是很失望，張愛玲說：「在待人接物的常識方面，我顯露出驚人的愚笨。我的兩年計畫是一個失敗的試驗。除了使我的思想失去均衡外，我母親的沉痛警告沒有對我產生任何的影響。」

「沉痛」兩個字用得很幽默，但黃逸梵和張愛玲只怕都笑不出來。後來，張愛玲一次次描述她當時的那種惶恐，她說，母親總是在盤算，自己為她做的犧牲值得不值得。

張愛玲似乎想多了，但是一個不放鬆的媽媽給人的壓力真大啊！在《今生今世》裡，胡蘭成將他和張愛玲的關係描述成神仙眷屬。換成張愛玲來寫，張愛玲總是在猜胡蘭成是怎樣看她的。這就是少年時留下的心理暗疾，她能從任何人那裡看到當年母親審視自己的眼神，看出自己的不完美。她後來的離群索居很難說不是為了逃避這種審視，起碼她無法享受正常的人際關係。

不接受親人的不完美其實就是控制欲，不只是想控制親人，更重要的是，想要藉此掌控生活。以為把家人的小毛病摘除了，生活就可控了，自己心中的秩序也就能建立了。

別把耐心、溫柔，都給了陌生人

可是，生活時刻都在變化，根本無秩序可言。在這方面，日本藝人黑柳徹子所著的自傳隨筆《窗邊的小荳荳》則是很好的示範。

我特別特別喜歡《窗邊的小荳荳》，因為這本書寫得太溫柔，也因為那個小荳荳很像童年的我，糊里糊塗的，一天到晚犯錯，而且還不知道自己錯在哪裡。

只是，我小時候每天都要被大人們，比如我爸媽和老師，批評上一千遍、一萬遍，那種自卑感到現在還影響著我。但是，小荳荳最後卻成了非常受人喜歡的電視節目主持人。

我覺得，這跟她媽媽從來都接受她的不完美，或者說，她媽媽沒有用世俗世界裡的那種完美概念來要求她有關。

其實，小荳荳當時的表現比我糟多了，我只是默默犯錯，小荳荳卻很調皮。上課時，她會把桌子的蓋板一次次掀起又放下，讓老師沒辦法講課；有宣傳藝人路過窗戶，她便高興的跟他們打招呼，藝人也很高興，單簧管、鉦、鼓響起來，在教室窗外展開了盛大演出；她還大聲的問候燕子，鬧得連隔壁班的老師都有意見……老師把小荳荳的媽媽叫來，讓她把孩子帶回去。

小荳荳的媽媽很頭疼，但是她沒跟小荳荳說，擔心小荳荳會因為這件事，在心裡留下自卑的情結。她只是想方設法的尋找適合小荳荳的學校，而且天才的（雖然有點用詞不當，但我覺得她真的很天才）找到了巴氏學園[29]。

在她心底，小荳荳很完美啊！看著小荳荳打完招呼去上學的背影，媽媽幾乎要落下淚來：「誰能想到，這麼活潑有禮貌、誠實又快樂的小荳荳，就在不久前，被退學了呢？」

不得不說，小荳荳媽媽的這種教育方式真是太棒了，換成一個苛求完美的媽媽，可能就會想，有禮貌有什麼用，不守紀律、不好好學習，一切都白搭。

我覺得，正是她媽媽那種溫柔的智慧，讓小荳荳不恐懼、不焦慮，自然不會進退失據，平添無謂的耗損。在最為輕鬆的愛裡，她可以一路向前奔跑，跑贏世間隱藏的風險。

這樣的輕鬆感，還能影響到家人的生活態度，化解所有不如意。就像日本電影《佐賀的超級阿嬤》裡面的那個阿嬤，主角昭廣的外婆，一個智慧的老母親。

昭廣八歲那年，父親因受到廣島核彈爆炸後的輻射而去世，母親無法照顧他，便將他託付給阿嬤照管。

阿嬤是個窮人，靠打掃清潔謀生，但她很樂觀，說：「窮有兩種，窮得消沉和窮得開朗。我們家是窮得開朗，而且，跟由富變窮的人不一樣。你不用擔心，要有自信，因為我們家世世代代都是窮人。窮人習慣穿著髒衣服，淋了雨，坐在地上，摔跤也無所謂。」

昭廣帶考卷回家：數學一分、社會兩分、語文一分，英語一分……。

阿嬤笑著說：「不要緊，不要緊，一分兩分的，加起來，就有五分啦。」

29 一九三七年，小林宗作創辦的實行幼小一貫教育的學校，後來在東京大轟炸中被毀而被廢止。

昭廣問：「不同科目也能加一起嗎？」

她嚴肅而果斷的說：「人生就是總和力！」

昭廣在學校裡弄壞了黑板，老師要他賠，阿嬤沉默了一會兒，輕鬆的說：「事情已經做了，也沒辦法，我知道了，就賠吧，但是把壞的黑板拿回來吧。」於是那塊拿回家的黑板就成了昭廣和阿嬤的留言板。

除了接受孩子的不完美，阿嬤還教會孩子接受這個世界的不完美，對昭廣說：「別抱怨冷啊、熱啊的！夏天要感謝冬天，冬天要感謝夏天。」

昭廣成名後，又遇到低潮期，阿嬤也有辦法幫他打氣：「即使有兩、三個人討厭你，轉過身來還有一億人。」

阿嬤的樂觀不只是安慰到了昭廣，也給了無數讀者面對現實生活的力量，將人生的如意和不如意照單全收，用自己的力量，化不完美為「不，完美」。

這樣的阿嬤，誰不想有一個呢？不過，活到現在這個年紀，我逐漸懂得了一件事，那就是**做什麼樣的人，比擁有什麼樣的家人更重要**。願你我能夠放鬆心情，學會接受，給予親人最為輕鬆的愛意。

”不接受親人的不完美，其實就是控制欲。“

3. 每一句再平常的話，都能代表「我愛你」

當曾經的熱絡變成了現在的沉默，那不是默契，而是冷漠。

——大將軍郭

我有個私人癖好，那就是一個人吃飯的時候，我總是不自覺的觀察周圍的情侶和夫妻。積累的樣本多了，我逐漸摸索出了一些規律。

據我觀察，情侶或夫妻一起吃飯的時候，從聊天多少就能看出兩人關係的進展程度，以及感情好不好。

以下總結，歡迎對號入座：

沒話找話的硬聊，大部分是第一次見面或者相親，且聊的是基本個人資訊或者安全話題。

「工作忙不忙？」、「有什麼休閒愛好？」接下來，另一方可能也會按照這個範本講一遍。一方說得多，一方說得少的，大概就還在追求和試探階段，誰比較投入，誰就說得多，且會時不時的迎合和讚賞話少的一方。

兩人聊得不亦樂乎的，要麼是水到渠成，即將確定關係，要麼是剛開始熱戀狀態，聊的話題往往是跟兩個人有關的，共同參與性很強。

如果聊天恰到好處，不多不少，說明這倆人關係比較穩定，但還沒到過於穩定（厭倦）的階段。他們的話題更日常，還會聊到共同認識的親戚、朋友之類。

而那些一餐飯兩小時說不上幾句話的，多數是老夫老妻。不管在一起幾年、結沒結婚，都已經沒什麼可聊的了，一起吃飯的目的很純粹，就是一起吃飯，並不是用來靈魂交流的。偶爾說的幾句話，不是跟點菜相關，就是討論接下來要去哪裡。

再進一步的話，那些帶著小孩吃飯的夫婦就更有意思了。我見過很多次，兩人之間幾乎沒有任何直接交流，只單方面的跟孩子說話。就算不得不跟另一半說點什麼，也是讓孩子傳話：「寶貝，你問問媽媽要不要吃這個？」、「你叫爸爸餵你喝水。」一頓飯吃下來，讓孩子很累。

還有一次最神奇，一對年輕情侶，點完菜後，兩人全程無交流，連對視也沒有。女生邊吃、邊看電視劇，男生也在滑手機，我尋思著這是吵架了？但結帳後，兩人自然而然手的牽手一起出了門，表情十分自然，可能這也是一種日常吧，所謂「食不言，寢不語[30]」？

我一直覺得伴侶間沒話說滿尷尬的，想想要跟一個人廝守一生，卻沒什麼話可說，簡直太痛苦了。

為什麼叫「談戀愛」？沒得談，還怎麼戀愛？

當然，兩個人在一起也不是要毫無間隙的一直說話，也可以一起參與很多活動，一起做很多事情，但那些事情不也是為了交流創造話題和氛圍嗎？

多年後，你能回憶起，有你們一起看過的風景、一起走過的路、一起經歷的坎坷。這些之所以能成為美好的回憶，未必是風景有多美，路途有多特別，而是在這個過程中，你們交集和互動的瞬間，你們的身心共度和分享過那一刻。

如果你玩你的手機，我想我的心事，那跟揪團出遊的朋友、同居屋簷下的室友有什麼區別？

德國哲學家弗里德里希．威廉．尼采（Friedrich Wilhelm Nietzsche）曾說：「婚姻生活的其餘一切，都是短暫的，在一起的大部分時光，都是在對話中度過。而沒有了對話和交流，婚姻生活不過是徒勞的虛度時光。」

你還記得當初為什麼跟這個人在一起嗎？除了他人好、對你好，還有一個共同點，那就是你們也能聊得好。

作家劉震雲寫過這樣一個小故事。一對情侶去民政局（按：類似臺灣的戶政事務所）領結婚證的時候，遇到一對準備離婚的夫妻。辦事員問起辦離婚手續的夫妻，為什麼要離婚，夫妻答：「我們聊不來。」辦事員又問情侶為什麼結婚，情侶答：「我們聊得來。」

什麼是聊得來？就是聊得投機，有話說、有交流。劉震雲在小說裡也說道：「找一個能聊得來的人過一輩子是福分，不管是愛人、朋友，還是親人。」

---

30 出自孔子，指好好吃飯，不用說話。

世上的人遍地都是，聊得來的人千里難尋。我們苦苦尋覓，明明已經有幸遇到了一個可以聊得來的人，為什麼卻不珍惜？當曾經的熱絡變成了現在的沉默，那不是默契，那是冷漠。現實裡，哪有默契好到一切盡在不言中的愛侶？還不都是越聊感情越深，越沉默就越疏遠？

心理學裡有個專業名詞叫「勞力辯證」（effort justification），意思是你在一件事上付出得越多，那你對它的態度就會越喜歡。

付出的「這件事」也可以是溝通和交流，交流得越多，越享受一起分享生活的親密；而交流得越少，情感連結就越少，對這段感情的態度也會越來越消極。

婚姻能消極到什麼程度呢？

我看過一條新聞，美國有個老爺爺，和妻子結婚六十二年，他裝了六十二年的聾啞人。妻子為了跟他交流，努力學習手語，但裝聾作啞的老爺爺卻說他視力不好。直到妻子上網，無意中看到一個唱卡拉OK的影片，她這才發現，裡頭唱得最火熱的就是她的老公，他不僅會說話，唱歌也很不錯。六十二年來，老爺爺裝成聾啞人，只因為嫌棄妻子嘮叨，不想跟她說話。

一時之間，我都不知道誰更可憐，既然老爺爺那麼不想跟對方說話了，幹麼還要在一起？我知道，相處的時間長了，該聊的，過去都聊得差不多了，平時大家也都很忙、很累，覺得聊天是一種消耗，但生活仍在繼續。

彼此分享生活，不就是愛情的一部分嗎？如果連交流也沒有了，感情可能真的就冷卻了。

物質未必能衡量幸福，但交流一定可以

不過，我也遇過相反的例子。上週，我一個人去吃小火鍋，迴轉臺對面是一對中年夫妻，約莫四、五十歲的樣子，說話有口音，應該是兩人一起來北京打工。一開始，大姊就委屈難過的說自己被領班罵了，這麼大歲數的人了被年輕人批評，臉上掛不住。

大哥雖然沒安慰，但實實在在的給她提建議：「要不年後繼續當主婦，沒工作的時候，至少能坐著休息。」

說起過年，大姊的心情好了一點，念叨著年後女兒就要生孩子了，兩個老人家也要有所表示。對此，大哥也笑呵呵的表態，得讓女兒好好坐月子。雖然聊的話題很家常，但看得出兩人感情很好，絲毫不輸給熱戀情侶。

我不是以貌取人，說實話，兩個老人家看起來也不像經濟特別寬裕的樣子。都說貧賤夫妻百事哀，但我從他們身上卻感受到了積極的達觀和幸福感。

物質未必能衡量幸福，但交流一定可以，因為那意味著你的心門永遠向對方敞開，你的生活裡真的有對方的一席之地。

別關閉交流的通道，每一句再平常不過的話語，都可以代表「我愛你」。

“回憶之所那麼美好，
是因為有最喜歡的你在。”

4. 兩個五十分的人共同修練，把日子過成一百分

那個對的人或早或晚，終會抵達。

——三三

年少青春時，對愛情的理解是你喜歡我、我喜歡你；是見面就小鹿亂撞，沒見面就日思夜想；是推開所有的阻力也要在一起的決心，也是一旦認定就不會輕易說再見的執著。

但是隨著年齡的增長，我才發現愛情開始變得世俗。喜不喜歡不再是衡量一段關係的唯一標準，人品、價值觀、經濟能力等會變成許多框架，左右我們的選擇。

經歷了幾段感情之後，我才恍然大悟：心比長相好，懂比愛重要。我始終相信，那個對的人或早或晚，終會抵達。

我二姑在八年前就離婚了，之後她就再也沒有戀愛過。令人意外的是，最近，她主動在家庭群組裡發了一張自己和男生的合照，然後跟大家說，自己交男朋友了，想結婚了。更讓人意想不到的是，他們已經在一起三年了。但這也情有可原。

我二姑和她的前夫是閃婚，在市公園的湖邊，兩人一見鍾情、墜入愛河。半個月不到，他們就偷偷拿著家裡的戶口名簿去登記了。

婚後不久，雙方的矛盾便開始顯現出來。他們總會因為一些小事而爭吵，誰也不退讓、誰也不妥協。最後，雙方疲憊了，吵著吵著就散了。大概是第一段婚姻的衝動，才讓二姑變得深思熟慮起來。

我問二姑：「這次想好了嗎？」

她說：「我想好了，交往了一段時間，覺得他性格好，很適合一起生活，也很踏實。」

二姑沒說自己喜不喜歡這個未婚夫，只是強調對方是個能跟自己踏實過日子的人。有一次，二姑加班到半夜才回家。桌上留著一張字條：「菜在電鍋裡，湯在紫砂鍋裡，明早的麵包、牛奶，我放在冰箱裡。」剛開始，她以為這個男孩只是一時興起，可交往的三年中，這樣的感動從未間斷。

張愛玲曾在書裡寫：「我一直在尋找那種感覺，那種在寒冷的日子裡，牽起一雙溫暖的手，踏實的向前走的感覺。」

我想，二姑說的就是這種感覺。人越是經歷了悲歡離合，越是明白，生活中瑣碎的日常和踏實的守候更讓人心安。

我們要的婚姻其實很簡單：**無須轟轟烈烈，只求細水能長流；無須甜言蜜語，只求事事有回應；無須大富大貴，只求安穩又踏實**。沒錯，心動只能維持一陣子，心定才能在一起一輩子。成年人的世界裡，合適真的比喜歡重要。

再說另一個故事。

曉麗跟老公去商場逛街，看見喜歡的衣服，曉麗都會先看一下吊牌價格，然後問有沒有折扣。那天，一直跟著他們的店員對曉麗一直詢問價格感到不耐煩，就很輕蔑的說了一句：「我們家是國外知名品牌，均價在兩千元，如果您覺得貴，可以去別家看看。」

曉麗當即就怒了，跟店員爭論了起來。店員說曉麗是窮鬼，買不起就別來，還說曉麗不怕丟臉，註定是窮人。站在一旁的丈夫非但沒有說話，更是全程黑臉，一把拉住她走出了商場。

出去之後，沒等到曉麗說話，老公就怒氣沖沖的說：「你不打算買，還一直問店員，要是我，我也會很煩啊！還當著那麼多人吵，不嫌丟人啊！」

曉麗聽到這裡，歇斯底里的問：「她說我是窮鬼，趕我出去，你不幫我，還幫著她指責我？我是你老婆，還是她是你老婆？你理解的人應該是我才對啊？難道不是嗎？我是你的愛人，你應該是護著我的那個人啊！別人不懂我為什麼捨不得買一件名牌衣服，難道連你也不知道嗎？」

作家李月亮寫過：「眾生皆苦，每個人都承受著自己的艱辛。**而我懂你，就會對你的苦感同身受，縱使不能為你分擔，也要在這苦裡加點糖**，盡我所能，讓你好過一點。」

好的婚姻生活，應該是相互心疼的。你懂我的難處，我體諒你的不容易；你懂我的言外之言，我懂你的欲言又止。就算清風不懂細雨，繁星不懂山河，但願你有人懂、有人疼、有人寵。

在瑣碎的生活裡，尋找愛你的痕跡

最近，我看了一部日本紀錄片，片名是《人生果實》。片中，修一和英子的愛情向我們展示了婚姻最好的模樣。修一九十歲、英子八十七歲，兩個人的年齡加在一起一百七十七歲。

初見時，修一是個穿著草鞋的窮小子，英子是清酒釀造廠老闆的獨生女兒。一次偶然的相遇，他們相互愛慕，五年後結了婚。結婚時，修一沒有錢，雖然生活清貧，但是英子很滿足。她說，在結婚前，她的生活一直很古板傳統，直到和修一結婚後，她才開始能夠暢所欲言，做自己。他們一起打理菜園、施肥、剪樹枝。

馬鈴薯、玉米、蘿蔔、龍鬚菜……櫻桃、草莓、酸橘、無花果……他們自己動手，種了百種蔬菜和水果，春種秋收，將庭院打理得美不勝收。他們說不出「我愛你」，卻藏在行動裡。修一喜歡遊艇，只有四萬元的他想買一艘七十萬元的遊艇。

於是英子瞞著丈夫，去典當了她所有的和服。

英子喜歡吃的蔬果，修一會在菜園的牌子上寫「給英子」。怕英子受傷，修一默默的在危險的地方掛上牌子，寫著「會疼哦」。修一吃海苔米飯配日本漬菜的傳統日式早餐，而英子愛吃麵包抹果醬和奶油的西式早餐。所以每天英子會做兩種不同的早餐。

在接受採訪時，英子像少女一樣說：「我們修一是越來越好看了。」而九十歲的修一逢人便說：「英子對我來說，是最棒的另一半。」

他們彼此相愛，攜手共度六十五年。二〇一五年，修一去世，二〇一八年，英子去世。修一跟英子說：「等我們死了，我們的骨灰就一起撒在海上吧？我們去住南十字星隔壁的小星球，因為南十字星會住滿大溪地人（按：譬喻人間仙境）。」

現在，也許他們已經在南十字星隔壁的小星球相遇了吧。

修一和英子生活樂觀，善於經營婚姻，最終擁有了美滿的人生。所以，幸福是在瑣碎的日常中展現出來的。也許生活平凡，但能創造出浪漫；榮華富貴或者錦衣玉食都沒有一顆安定的心重要。相戀容易，相守難。**美滿的婚姻並不一定是兩個完**

美的人結合，而是兩個五十分的人共同修練，把日子過成一百分。

我們這一生會遇到很多人，跟什麼樣的人結婚是你自己要做的選擇。但任何一段好的婚姻都是彼此尊重、踏實相守、相濡以沫的。它是回到家後，桌子上的一碗面，是難過時的一個擁抱，也是攜手漫步夕陽的安穩。

餘生，願你得一人心，白首不相離。願他，免你驚，免你苦，免你顛沛流離，免你無枝可依。

成年人的世界裡，
合適比喜歡重要。

5. 命運想羞辱誰的時候，從來不會和你商量

兩個起點差不多的女人，為何會有截然不同的人生？

——晚情

一次，我去做足浴按摩，技師已經是好幾年的老朋友了，我感覺她心情特別好，便忍不住問她是不是有什麼喜事。技師笑容滿面的說：「這個月，我把我媽和孩子接到身邊來了。」

難怪她心情這麼好，從我第一天認識她，就知道她特別能吃苦，工作很賣力，因為她有一個心願：把孩子接到自己身邊來。

我笑著祝福她：「上週妳說請假回老家了，原來是去辦這件事了，恭喜妳，終於如願以償。」

很久以前，我就知道技師的故事。她出生在一個很窮的小山村，一天工錢只有

二十元，為了賺更多的錢，她隨著其他姊妹出來打工。

當她出來以後，才發現外面的世界好大，那些沿海城市的教育與小山村簡直是天壤之別，於是她不想再回去了，她想把孩子接出來。而且，在外面打工的收入和小山村相比，一個月可以好幾千，有的時候還能破萬。

但是只把孩子接出來，技師沒有時間照顧；把孩子和老媽一起接出來，房子、生活會是很大的壓力來源，那時候，她還沒有這個能力。

可有時候，她特別想孩子，想到晚上覺也睡不著。

那她怎麼辦呢？她買了很多美容的書，開始自己慢慢琢磨各種按摩手法，也看了很多影片。

後來，我對技師說：「妳願意多學點東西很好，但這個還是需要有系統的去學，否則客戶會覺得你的手法不專業。」

她聽了，覺得很有道理，真的花了一筆錢。她們這個行業，一般中午十一、十二點才上班，所以她基本上有半天的時間是空著的，她覺得這個時間好浪費。技師的工作很累，很多人都用這個時間補眠，但她不這麼做，她開始了自己的創業。

她租了一套三房一廳的房子，簡單裝修了一下，放了幾張床，一個小小的美容院就開張了。

因為她價格也挺便宜，光顧的人還不少，但主要還是她的服務好，手法技術也不錯。後來，客人漸漸多起來了，光上午已經忙不過來。她發現，上門的小妹是個全職媽媽，老公對她不太好，她有心改變，卻不知道該做什麼。

於是，技師對那小妹說：「反正妳送孩子上學後，也沒什麼事做，不如我教妳，妳來幫忙我吧？」

對方有點缺乏自信：「我能學會嗎？」

她說：「這個又不是高科技的東西，我一個鄉下孩子都能學會，妳為什麼學不會？」於是，對方就跟著她學習，並且很快就上手了。

因為感激她給的機會，這位全職媽媽做事非常認真用心，每天早上不僅幫技師帶早餐，還把小小的美容院收拾得非常乾淨。因為有了幫手，技師能服務的客人就多了很多。上午，她們兩個一起為客人服務，中午她再去上班。

我問她說：「妳都自己創業了，還來上班啊？」

她說：「我這個美容院一個月大概能賺一萬元，我上班也能賺差不多一萬元，這樣我就有兩筆收入了。而我請一個人只要三、四千元，我辭職不划算，等以後我自己的事業做大了，我可能會辭職，但是現在還不行。」

像她這樣的女性並不少，她們出身窮苦，為了一家人的生活出來打拚，最大的夢想就是把孩子接到身邊。我很喜歡和她們聊天，因為她們充滿奮鬥的動力，眼裡有光芒，那種光芒會情不自禁的吸引我。

她們不抱怨、不訴苦，一點一滴的積累生存的資本，就如她喜悅的告訴我：「大概年底就可以買房了，終於可以在這個城市安家落戶了。」

我很欣賞這些努力生活、認真踏實的女性，她們值得過上更好的生活。

曾經，有位女性和我說，她替奮鬥的女人不值，女人本該被呵護、被寵愛才對，為什麼現在這個社會卻提倡女人要好好努力。包括對我，她覺得雖然我用幾年時間取得了別人可能一輩子都難以企及的成就，但她還是為我不值，覺得我把大好時光用來奮鬥，而沒有好好享受人生。

我說沒有奮鬥，哪來的好好享受人生？讓男人養嗎？如果有一天，他不想養我了，**我怎麼享受人生呢？**

命運想羞辱誰的時候，從來不會和你商量，我不希望有一天，命運對我反覆羞辱，我卻毫無招架之力。

為什麼兩個起點差不多的人，最終會有截然不同的人生？

最大的原因是思維和認知。

面對不如意的現狀，有的人首先想到的就是如何去努力改變，有的人除了抱怨，就是認命；面對自己的人生，有的人有著很明確的規畫，有的人則是隨波逐流，走到哪裡算哪裡；有的人面對未來的機會主動準備，有的人則認為所有機會都是假的，哪怕真有機會，也輪不到自己，潛意識中，他認為自己不配。

而人生最可悲的就是自己放棄自己，不相信自己的人生還有另一種可能。

”

命運從來沒有獨厚誰，

每個人都在負重前行。

“

6. 好好生活的四種方式

成年人的世界裡哪有「容易」這兩個字，
生活實苦是一種真實，而微笑面對則是一種能力。

——李曉木

一個人的生活可以是平淡、乏味、停滯不前的，也可以是一場充實、美妙、精采萬分的旅行。我最嚮往的生活就是能夠享受獨處。

1. 美好生活的開關：料理

香港著名美食家蔡瀾曾在一檔節目中說過：「做菜是消除寂寞最好的方法。」尤其一個人獨處的時候，千萬不要慢待自己，而是要好好的給自己做頓飯，這樣，內心才會有踏實感。有段時間，我因為工作上的一些事情，心情非常不好，休了兩天假。這兩天讓我心情慢慢恢復平靜的，就是煮飯。

第一天，我去超市買了一些五花肉，醃了半天時間，然後把它們鋪在烤盤上。看著它們滋滋冒油，烤到焦香，之後把肉夾起來，蘸上椒鹽粉，包上生菜葉，再把它們放進嘴裡。

蘸料和肉的香氣瞬間瀰漫在口腔，那一刻，我真切的感受到了食物的撫慰，細細品嚼，甚至感受到它們滲透到牙齒的縫隙，然後心滿意足的吞嚥到肚子裡，迫不及待的夾起另一塊。

吃肉的空檔，喝點酸梅湯解膩，彷彿吃多少都不會飽。第二天，我為自己烤了一個麵包，然後沖泡了一杯咖啡，任由食物的甜醇瀰漫著味蕾，那種被幸福擁抱的滋味久久不散。第三天，我就高高興興的上班去了。

那兩天，我想通了一件事情：成年人的世界裡哪有「容易」這兩個字，生活實苦是一種真實，而微笑面對則是一種能力。好好煮飯、好好照顧自己，就是一種微笑面對的態度，亦是一種愛自己的能力。

人生一世，悲喜交織，又轉瞬即逝。唯一留下的就是這些刻在味蕾上、誰也拿不走的滋味，它們撫慰了我們的心靈，帶來了繼續前進的力量。

2. 美好生活的加油站：旅行

幾個月前，朋友文文突然請了假，然後就消失在了我們的朋友圈裡。再見面，已經是一個月之後，她的精神狀態明顯比之前好了很多。因為過去那一年是她最繁忙的一年：考證、工作調動、婚姻危機接踵而至，她在現實中跌跌撞撞，漸漸失去了往日的活力。她終於決定停下來，給自己放一個假，來一場說走就走的旅行。

她說：「**旅行是一段與自己獨處的時光，是逃離平庸生活的一次越獄，雖然在旅行途中會遇到困難，卻能讓人找到自己。**」

的確，周而復始的生活，現代社會的壓力，讓我們常常忘記，自己究竟是為什麼而出發，緊接著少了幾分對人生的憧憬，多了幾分來自生活束縛的無奈。

如果說，獨處是一個人的清歡，那旅行便是獨處的「盛宴」。在陌生的城市，關掉手機，不再理會繁雜的瑣事，自由自在的，不乏人生之樂事。」

那我們不妨就這樣安靜下來，向著自己身體與心靈的內部傾聽，聽一聽自己的生命在說什麼，想一想，現在的生活還是自己喜歡的模樣嗎？

還記得文文曾滿臉微笑的對我說：「那些想不開的心事已經想開了，那些疲憊的折磨也好一點，旅行又給我自己充滿電了。」人生因孤獨而豐盛，讓身體在路上前行，讓靈魂與自己交談，關於真實的心境就深刻了。

3. 生活中的光亮：讀書

常有人說：「一個人最好的投資就是讀書。」其實我很不認同這種功利說法，但是讀書是一種投資，這是不爭的事實。很多偉大人物在眾所周知的聲譽背後，往往有一個不為人知的身分，那就是終身閱讀者。

臉書創辦人馬克．祖克柏（Mark Zuckerberg），他每天上班前都要給自己兩個小時的獨處時間，專門用於閱讀。前世界首富比爾．蓋茲（Bill Gates），他基本上每年要精讀五十本書。

股神華倫．巴菲特（Warren Buffett）從來不看電視，除了工作，基本上所有時間都是在書中度過的。他的老搭檔查理．蒙格（Charles Thomas Munger）更是閱讀量驚人，被人稱為「會行走的圖書館」。

我們都知道名人的時間很寶貴，如果他們把讀書的時間用於投資，會產生更多的物質效益。而事實證明，真正厲害的投資人，都懂得讀書才是真正值得終身投資的事情。

讀書可以讓他們從他人的經歷中積累經驗，從而獲得意想不到的視角和靈感，吸收被時間留住的精華。

如果我們經常在獨處的時候讀書、思考，擁有豐富的精神生活，我們就能感受到那個更高的自我，而那個更高的自我就是我們人生路上密不可分的精神密友，帶給我們站得更高、看得更遠的生活。

4. 別習慣和別人聊天，卻和自己無話可說

一個人能否找到好的生活狀態，並不依賴他人成全與否，而是你如何獨處。

是吃垃圾食品，還是好好吃頓飯；是與人聊八卦，還是開啟旅行計畫；是追劇，還是讀書……你付出了一樣的時間，卻得到了不一樣的生命體驗。而我們普通

人的生活大多一樣，每天把時間留給工作、家庭、孩子，卻忘了留出時間與自己好好獨處。

就像作家畢淑敏說的：「我們常常是心中很寂寞，說出口的卻是詞不達意的熱鬧，這個世界已經夠喧嘩的了，現在需要的只是靜靜面對。」

我們別忘了，**人生是用來感受的，要給自己留些時間獨處**。也許妳是妻子、是媽媽、是女兒、是一名普普通通的員工，但最終的核心還是你自己。只有你足夠的愛自己，讓自己的內心始終怡悅、不違和，你才能做好其他角色。

在一個舒展的午後，讀一本好書、認認真真做頓愛吃的料理給自己、用一趟計畫很久的旅行獎勵……獨處是一種修行，它可以誘發關於生命、自我的深邃思考。

有些人總是習慣和別人共處、和別人聊天，卻和自己無話可說，一旦獨處，就渾身難受，這樣的人終究是膚淺的。

我們要學會傾聽自己的聲音，自己和自己交流，這樣才能逐漸形成一個有深度又有厚度的內心世界。任外來的風雨洗禮，我們都不會在逆境和喧囂中沉淪。

“你把時間留給工作、家庭、孩子，
卻忘了留出時間與自己獨處。”

第六章

成功的定義本身就是個假議題

這世上只有一種成功，
就是用自己喜歡的方式過一生。

1. 細節，決定一個人的生活能力

過好困難的每一刻，
靠的是對人生的正確理解以及敬意。
——韋娜

我看過作家梁冬寫的一個故事。他和蔡瀾是好朋友。近八十歲的時候，蔡瀾在香港開了一家越南牛肉河粉店。梁東問蔡瀾：「為什麼這麼大年紀了，還想著要開店？」蔡瀾回答：「我愛吃。」

怎麼製作牛肉河粉呢？蔡瀾每次熬好湯以後，覺得味道不對，然後就倒掉，足足熬了六次，才熬出了自己想要的味道。然後，經過不斷改良，蔡瀾終於做出了自己想要的越南牛肉河粉。

這個味道為何一直掛在他的心上呢？這與他少年時的經歷是分不開的。那時，他家裡請了阿姨，最愛做豬油拌飯，他一直記得那個味道，那是貧瘠生活中怒放的香氣。除此之外，令他懷念的還有母親親手製作的青芒果果乾。

抗戰後，百業凋零，大家都很窮。於是他的媽媽就跑到山上，把那些青澀又難吃、沒人要的青芒果摘下來，洗乾淨，放入蜂蜜、薑片裡醃製，再做成果乾，拿到市場上去賣錢。最後賺了很多錢。

要知道，那個時候，她的媽媽是小學校長。在貧苦的生活中，他覺得母親身上有一種智慧，那就是讓自己過得好的能力，並且在最困難的時候，用最低的成本追求到最好的生活。而這種能力、這份認真，正是讓人最羨慕的。

就像命運一直不斷的用各種難題考驗我們，但我們依然能從底端的生活方式中找到浪漫的養分，灌溉出詩意。在我看來，這才是真正的理想生活，最值得我們一遍遍致敬的地方。

這也讓我想起了自己的媽媽。成年後，我最懷念的味道依然是家裡最困難的時候，媽媽為我們做的烙餅，以及各種麵食小吃。人們都說巧婦難為無米之炊，但我的媽媽似乎有一種特別神奇的本領，即使給她最簡單的食材，她也能變出許多花樣來，做不同的食物。

當時，我和爸爸出了車禍，在家休養。因為疼痛，我和爸爸的心情都不好，睡也睡不好。多虧了媽媽，她不僅要開導我們，還做各種美食來哄我們開心。

媽媽跑去外面，採摘榆錢葉和洋槐花，接下來的幾天，我們吃的每一頓飯都不同。榆錢葉帶著春天的清香，被媽媽用手捏成了綠色的窩頭[31]，她又備了紅色的糯米椒、蒜、花生碎粒，在滾燙的油裡翻滾幾下，放到窩頭上，鮮香撲鼻。還有那洋槐花裹上一層麵糊，加雞蛋拌勻，蒸熟後，用辣椒油、蒜、醬油拌勻，簡直是人間美味，我百吃不厭。

直到現在，每到春天，我都會讓媽媽準備榆錢葉和洋槐花。可是彷彿除了媽媽，任何人都做不出那種獨特的春意，那是媽媽生活的智慧，任誰也奪不走的對生活的款待。

31 中國北方由玉米粉或雜糧製成的饅頭。

我剛開始工作時，總是到各個城市出差、講課，我每次都會獎勵自己去品嚐當地的特色菜。去過很多地方，吃到了各種美味後，你會發現，自己心中美食的標準，其實是媽媽做的菜。

為了讓一家人吃得更舒服、更盡興，媽媽總是在菜色上費盡心思，跟著電視學，問其他人怎麼做，以後回憶起來，飯菜才顯得更溫柔。

所以，一個人如何過好生活，就是看他在貧困時，用怎樣的姿態去生活。**過好困難的每一刻，靠的是對人生的正確理解以及敬意。**

「哪怕屋簷和屋梁把生活壓得再低，但是我覺得它還是有另外一片天空的希望。」在面對眾多人的謾罵時，歌手肖戰輕描淡寫的說了這句話，我特別喜歡。每個人都有特別難熬的時候，而這個時候就能看出我們對生活的熱愛程度。

日本天才女畫家上村松園曾在書中提及，她的母親特別堅毅。早年喪夫，活得很辛苦，親人勸她早點改嫁，而她卻拒絕了，原因是不想讓兩個女兒飽受辛苦，只想把所有的愛都給她們。

上村松園十二歲時，想去學畫畫，但她卻得不到眾人的支持。畢竟在那個時代，女孩子只要學會端茶倒水就足夠了。然而，即便整個畫院清一色都是男孩，松園的母親依然決定讓女兒去實現自己的夢想。松園也不負眾望，從十五歲開始獲獎，一直到七十四歲，筆耕不輟。每年都會有畫展。

松園十九歲那一年，隔壁的攤位著火，燒到了她家的商鋪。她許多的畫、畫筆、顏料被燒光了。她什麼也救不了，只能狼狽的跑到母親身邊哭泣。母親卻說：「至少這是別人給我們添的麻煩，而我們沒有給其他人添麻煩，我們可以安心的睡了。」松園雖然還是很痛心，但立刻被安慰了。

這個細節讓我感觸不已，這就是生活的能力。能過好底層的生活，骨子裡一定是堅強的、硬氣的，甚至是浪漫的、樂於規畫的。

我在想，多年後，我們最懷念的是什麼呢？

應該就是這些生活細節的美好。**在最困難的時候，我們依然沒有忘記去愛，去擁抱、去付出**。我們還在仰望星空，希望未來有另一片天空。所以，不管生活怎樣，都要認真的活、認真的做，如此，我們便會迎來自己的幸福與快樂。

”

生活不是一種「方法」，
而是一種「姿態」。

“

2. 被嘲笑的夢想，才值得你去做

即使無數次被否定、無數次被罵得體無完膚、無數次不被看好，我都不會懷疑自己的能力。

——李光凱

我是一個山東人，我不粗獷、不豪放，有點文藝，但酒量不差，來北京七年多了；也是一個平凡又普通的媒體工作者，每天樂此不疲的做著自己喜歡的工作——從中國石油大學畢業，學國際經濟與貿易專業的社會新鮮人、新聞主播，到北京央視綜藝頻道《喜上加喜》的現場總導演。這一路走來感慨頗多，每一次的選擇，都是一次冒險。

二〇〇八年考上大學，原本想學播音主持[32]的我，因為過不了父親那一關，選擇了中國石油大學的經濟系。進大學校門的第一天，我申請了一個QQ號，名字叫CCTV（按：央視的英文縮寫），至今從未改過。

加我好友的同學都覺得我是個騙子，而且有些好笑。尤其是，當我晚上睡覺做夢，夢到和知名主持人王小丫、何炅同臺主持，睡醒將這個夢和室友分享的時候，都會遭到嘲笑，最正常的反應就是：「神經病吧你！」

周國平說過：「在這個時代，能夠沉醉於自己的心靈空間的人越來越少了。那麼，好夢連連就是福，何必成真。兩種人愛做夢：太有能者和太無能者。他們都與現實不合，前者超出，後者不及。但兩者的界限不易分清，在成功之前，前者常常被誤認為後者。」

對於嘲笑，我並沒有放心上，還是一如既往的做著我的白日夢。我會把報紙上何炅的照片剪下來，貼在自己讀書筆記的扉頁；會把康輝主持《新聞聯播》的影片存在自己的手機裡；會反覆看歷屆挑戰主持人大賽的影片。大學四年，不管是在學習還是在社團活動，我都取得了不少的榮譽。比如：國家勵志獎學金、校園十佳明星、校園口才明星，也曾經被派往香港大學、香港理工大學交流學習。用一個詞來形容我的大學體驗，就是很像高中生的大學生活！大三時，身上肩負著三個職務，大學生藝術團（按：負責組織、參與校內外藝文活動）團長、主持部部長、學院社團部部長。做這一切，都源於一個詞，那就是「喜歡」！

雖然我選擇的不是自己最喜歡的專業，但這並不影響我努力學習、拿獎學金。在大學，比我長得帥、長得高，說話比我標準的大有人在，因此我在屬於人群中，其實是屬於那種很不起眼的類型。

能成為校園主持人，也許是因為我學習能力尚可。而且學校每年都會舉辦晚會，需要雙語主持人，男主持需要英語口語好，所以我就被選中了。

大四的時候，我選擇放棄了研究所的保送資格，也放棄了老師們推薦的高薪外資企業的工作，而是選擇去湖北一個縣級電視臺，一個長江邊上的小縣城電視臺實習生。

32 指廣播電視播音與節目主持。

因為一個現場報導得到主編的賞識，我直接跨過實習生成為見習生，開始領薪水。雖然一個月的薪水不到三千元，但我一有空閒，就會看書以及各種主持的影片。有一天，因為女主播臨時有事，我「不幸」充當了一次新聞主播——上半身以紫色西服搭配紅色領帶，下半身則是穿著過膝短褲。另外還要自己化妝，不會畫眼線的我拿著眼線筆在那裡描，結果畫成了兩條毛毛蟲。

但也因為這次臨時當主播，就這麼一直當了下去。一般觀眾對我的評價是，這小夥子雖然不高、不帥，但滿有氣質的！

就這樣，日子忙到連春節也沒有回家，扎實的鍛鍊讓我的生活很安逸，也讓我喜歡上了長江邊上那個小縣城，也享受這份工作帶給我的成就及榮譽感。一切發展得很順利。

不怕清零，人生才能超前部署

某天晚上，我去跑步，突然聽到飛機從頭頂飛過的聲音，我就站在原地抬頭望著天想：我什麼時候也可以每天坐著飛機飛來飛去，像飛機裡那些所謂的上流人士一樣。

可能是虛榮心在作祟，也可能是因為安逸的日子過膩了。偶然看到一個市級電視臺招聘，於是我就投了簡歷，經過筆試、面試，順利進入荊州人民廣播電臺，並負責直播的任務。

我就住在廣電大廈旁邊的招待所二樓，同住的還有四個人——一個荊州之聲的記者、一個交通廣播的主持人、兩個綜合頻道的主持人。我是綜合頻道的主持人，負責每天早上六點到八點的直播，五點二十分就要偷偷摸摸起床，不能開燈，唯一的一束光是從廁所門露出來的，只由那個門虛掩著。然後漱洗完小跑下樓，因為保全沒那麼早起，所以每天早上我只能如此笨拙的爬大門出去。到了公司後打開電腦，等待六點的準點直播。這樣的生活，持續了將近半年的時間。

一切波瀾不驚，忘記了是哪一天，機會好像來臨了，我投履歷到戶外訪談節目《鄉約》。以為會石沉大海，一個多月以後，我接到了電話。兩次電話後，我還沒找好工作就辭職來到了北京。

前公司主任說：「你先去試一試。萬一不行的話再回來。」但我沒有，我選擇不給自己留任何的退路，向學長借了兩千元就去了北京！

到北京後，一切並沒有我想像的那麼簡單。沒有住的地方就和大學同學擠一張床；吃的、穿的、用的都是我同學的。尤其他身高一百八十公分，所以外套總是被我當風衣穿。有時買衣服買一送一，那個贈品就是我的。

為了不給同學添麻煩，我每天都是晚上十點以後才坐公車回家。但同學是一個很細心的人，知道我沒吃晚飯，在家裡會幫忙準備很多吃的，泡麵、火腿腸（按：類似熱狗，但口感較軟）、餅乾等。所以，在奮鬥的路上，朋友很重要，做人要記得感恩。

將近一年的實習，是沒有薪水拿的。競爭壓力很大，三十幾個實習生中，有中國傳媒大學的碩士、中國人民大學的高材生，以及美國、加拿大、英國的留學高材生。還有非常重要的一點——主管是否喜歡你。

面對這一切，我一直有一個信念，我選擇相信自己。**即使無數次被否定、無數次被罵得體無完膚、無數次不被看好，我都不會懷疑自己的能力。**雖然很多事我不會，但假以時日，我一定會做得很好！

和我一起實習的一個女生，畢業於中南財經政法大學，在湖南衛視《天天向上》做過編導。她曾經一篇稿子改了一百零二遍。改到第一百遍的時候，她在辦公室嚎啕大哭，覺得主管是在故意折磨她、為難她，故意不讓她過。

或許就是這麼多的「故意」，最終簽約的僅有的幾個人中，她是其中一個。歷經十個月的魔鬼磨練，我們終於簽約了。儘管那一刻，我似乎並沒有很開心。

一路走來，我的身分不斷的在變換著，不斷的重新開始，從前期編導、現場導演、攝像（按：指電視攝影機）、小片導演，再到現場導演，還有現在的青年作家。我一直在找尋著適合自己的生存之道。

坦白說，這些改變並不完全是我自己的選擇，多半是主管的安排，即便剛開始我會接受，並且告訴自己，不斷的充實自己不是一件壞事，技多不壓身。但後來，隨著年齡階段的不同，我發現「不斷的清零」不見得對每一個人、每一個階段是件好事。

尤其是，工作中，你會接觸到形形色色的人，油嘴滑舌、拍馬屁、阿諛奉承的人，勤懇工作、沉默寡言的人、機靈可愛、足智多謀的人等。但我相信，能走到最後的那個人，一定是個善良、正直、上進的人。

在北京的這七年，我採訪了很多人，也見證了太多的離別。二〇一五年九月，我開始有了記錄的想法，記錄他人的故事、記錄自己的成長，也是對現實的一種反抗。記錄本身就是一種反抗！

也很幸運的結識了敬一丹、張國立、朱迅、鞠萍、濮存昕、王剛、王小丫、張蕾、王甯、歐陽夏丹、紀連海、孔慶東、蘇芩等（按：多為中國主持人、作家），我曾經覺得遙不可及的一些偶像、前輩，他們是我人生的標杆和榜樣，給我力量和方向。

還記得寫自己第一本書時的狀態，一個人在北京。為了防止自己玩手機，就把手機關機；每天早上一碗粥就是早餐，晚上自己煮泡麵吃的話，會多放幾根火腿腸和幾顆雞蛋。有時，一連吃了好幾天，都吃到快吐了。所以，春節那晚，我點了肯德基、必勝客等一桌子的東西，一邊看春晚。後來，因為寫作太憂鬱了，交稿之後，我又跑到蘇州園林玩了幾天。

二〇一九年九月，《鄉約》升級改版為央視綜藝頻道的《喜上加喜》。我也從現場導演成為現場總導演，獲得國家三級導演（按：中國導演的職稱分級，共分三級。一級導演為最高級）的稱號。首輪四期節目錄下來，我瘦了六斤。尤其是第一期，在會議室監督組員們剪片到凌晨兩點，不小心在沙發上睡著，然後觸電般的驚醒。

忙碌的生活雖然讓我瘦了許多，但也收到了我爸「好自為之」的訊息，因為當時忙到記錯日期，沒給他發生日祝福，紅包到現在都沒給他。

轉眼至今，一切都已經邁入了正軌。

不忘初心，聞過則喜，感謝這份職業，感謝那些遇到和同行的人。

願我們的每一個日子，都拚命向下扎根、努力往上生長！

“拚命向下扎根，努力向上生長。”

3. 毀掉你的不是平庸，而是故步自封

中年是人生和事業的轉捩點，而不是終點。

——式微

詩人汪國真的散文《人到中年》裡，有這樣一段關於中年人的描述：「到了中年，生命已經流過了青春湍急的峽谷，來到了相對開闊之地，變得從容清澈起來。花兒謝了不必唏噓，還有果實呢。」

人的本性是追求快樂的，享受中年的果實，工作和休息固然需要，但我們更需要學會分辨什麼是有益的快樂，什麼是有害的快樂。

孔子曰：「益者三樂，損者三樂。樂節禮樂，樂道人之善，樂多賢友，益矣。樂驕樂，樂佚游，樂宴樂，損矣。」意思是：有三種愛好使人受益，也有三種愛好使人受損。愛好行事以禮樂為節度，愛好稱道別人的優點，愛好多結交有賢德的朋

友，都會受益；愛好驕縱傲慢、愛好閒散遊蕩、愛好沉迷酒食，都會受損。

在這裡，孔子把有害的快樂歸納為三種：樂驕樂、樂佚游、樂宴樂。放到今天的生活中，這三樂正是當下被驕縱享樂、被混日子、被飯局毀掉的三種中年人的真實寫照。

第一種有害的快樂是驕樂，就是驕縱享樂。人到中年，經過前期的奮鬥，年富力強，在家庭、事業上也有了收穫，很容易就此而自得與驕縱。於是不知節制，任意妄為，在形成習慣之後，就以此為快樂，最終為其所害。五代後唐莊宗李存勖的故事，正揭示了一個被驕縱享樂毀掉的中年人。

李存勖二十四歲繼承父業，年少有大志，為人果敢、富有謀略、驍勇善戰，經過十餘年的勵精圖治，擊敗四方敵手，稱帝建國。一時之間，可謂是「舉天下之豪傑，莫能與之爭」。然後在奪取天下之後，李存勖就此沉溺於享樂，不知節制，寵幸伶官[33]，最終落下一個眾叛親離、身死國滅的悲劇。北宋文學家歐陽修感嘆道：「憂勞可以興國，逸豫可以亡身……而智勇多困於所溺。」中年是人生和事業的轉捩點，而不是終點。

張愛玲曾在《半生緣》裡寫道：「中年以後的男人，時常都會覺得孤獨，因為他一睜開眼睛，周圍都是要依靠他的人，卻沒有他可以依靠的人。」

人到中年，上有老、下有小，身上的責任也越來越多；以前奮鬥，是為了自己的生活能夠好一點；現在奮鬥，是為了整個家庭，雖然很累，但依舊不能止步。

若是一味的驕縱享樂，不懂得節制，便是等於放棄了自己、放棄了家庭、放棄了美好的未來。

第二種有害的快樂是樂佚遊，也是另外一種中年人的縮影。可以體現為遊手好閒，或是安於現狀。

其實所謂的穩定，更多的是心理安慰。即便是再穩定的崗位，也不能代表個人的穩定，你也不可能一輩子高枕無憂。

33 封建時代稱演戲的人為伶，在宮廷中授有官職的伶人。

越穩定，往往越脆弱。

在二〇一九年五月初，被稱為「北京最大養老院」的甲骨文中國研發中心裁掉九百多名員工，占了總人數的一半以上，其中大部分被裁的是中年工程師。這些四十歲左右的員工享受著上班不打卡、工作時間自由、每月兩天的帶薪休假，以及工作滿五年就不必每天到公司上班的超高福利。他們被裁員之後，阿里巴巴、百度、騰訊、華為等互聯網巨頭在園區內舉辦專場招聘。

令人跌破眼鏡的是，大部分的人都未能通過第一輪面試，有的即便通過面試，也在技術檢測階段被刷了下來。這些人多數出自清華、北大（按：北京大學）、上交（按：上海交通大學）、復旦和北郵（按：北京電郵大學）這五所名校，並且擁有碩士以上的學歷。

所以，其實任何崗位、任何人隨時都可能被取代，不管你樂不樂意、高不高興。正如我們常說的那句話：時代拋棄你，不會說再見。

潮水來臨時，我們無法改變潮水的方向，所能做的，唯有讓自己具備游泳求生的能力，降低被潮水淹沒的風險。

毀掉你的不是平庸，而是故步自封。我們應該為百尺竿頭、更進一步感到快樂，而不是為所謂的穩定感到安逸滿足。

最後一種有害的快樂是樂宴樂，意為以飲食無度為樂，在中年人身上很常見的一個體現便是飯局。有人情的地方，便會有飯局：公司聚餐、同學聚會、生意往來、交際應酬，美其名是「增進感情」。殊不知，感情還沒加深，你的身體就已經被拖垮了。

前不久，有則新聞說道：「由於暴飲暴食、工作壓力和久坐等原因造成的肥胖被列入職業傷害範疇，工作應酬也在原因之中。」結果引起公眾熱議。但事實上，在工作應酬中，飯局帶來的健康問題遠不止肥胖。

我們細細觀察一下身邊患有三高、脂肪肝和胃病的中年人，十個人之中，有九個人常年飯局不斷。飯局讓你失去的不光是健康，還有你和你的家庭。

主持人及企業家楊瀾曾說過：「**沒有人會透過你邋遢的外表，去發現你優秀的內在。**」

去健身，你會收穫一個健康的身體；去讀書，你會收穫一個富足的靈魂；去陪伴家人，你會收穫更美滿的天倫之樂……而你在健身房、在圖書館認識的人、學習到的知識，遠比在飯局上浪費的時間，對人生有益得多。

人到中年，時間很寶貴，健康也很寶貴，別讓自己的人生毀在一場又一場沒有意義的飯局之上。

站在半山腰的中年人，在人生的前後夾擊之下，從來沒有「容易」二字。但總要昂首攀登，拿出會當凌絕頂的魄力，才能享受一覽眾山小的快樂。

中年是人生的第二次起點：莫道桑榆晚，為霞尚滿天；不沉溺所樂，不安於現狀；胸中有丘壑，眼裡存山河；手裡持槳，做自己生命的擺渡人。

“別讓自己的人生毀在
一場又一場沒有意義的飯局上。”

4. 我不怕老去，只怕來不及好好愛你

在我的印象中，母親始終在做事，但臉上總是帶著輕鬆和藹的笑容。這使得我們從沒想到去體會母親的勞累。

——於志洪

轉眼，母親離開人世已經三十多年了。經歷越多，就越能體會到母親的不易與偉大。

母親三十二歲時生下哥哥，三十五歲時生下我。這在一九六〇年代的農村算很晚生了。可能母親有老來得子的心理，對我們兄弟疼愛有加。不管是家事、農活，還是學業功課，從不為難我們，能做多少、做到什麼程度，從不提目標和期許。她常說孩子就是要玩的，小時候不玩，長大後就沒時間玩了。所以同輩相比，我是最輕鬆的一個。

同學放學後要打豬草（按：摘用來餵豬的野草）、做家事、忙農活，而我不需要，母親怕我孤單，就買了只羊讓我放，以便跟著其他孩子一起在田野裡玩。別人的羊是繩子拴著，木樁一插，只能圍著木樁吃草，我的羊是散步式放養，我在後面跟著，只管牠不吃蔬菜和莊稼收成就好。

有時我與夥伴們玩，也會讓羊脫離視線，但我一點也不擔心，只要一聲呼喚，牠立刻會從某個草叢裡躥出來，在幾步遠的地方，立起身體、低著頭，將羊角對著我，擺出一副要與我決鬥的樣子。旁人看了，總是稱讚我會放羊，把羊放得如此通人性。

現在想來，這都是母親給我時間，與羊混熟了而已。別的孩子忙於埋頭完成各種任務，而我可以親近自然和動物，放飛自我，這般的童年讓我從小就感受到滿滿的幸福和溫暖，這些感覺延續至今。

母親還將對我和哥哥的愛推及其他孩子身上。她曾說：「我跟你們的時間是有限的，朋友跟你們才是一輩子的，所以你們要好好相處。」

我的朋友來家裡玩，母親總熱情相迎，還會弄些食物。直到現在，這些朋友見面了都說：「你母親真好，到你家總有東西吃，在以前困難時期，食物是多麼寶貴啊！」有一次，小朋友們在院子裡玩，弄翻了鄰居的火爐，鄰居揮舞著木棒要打，母親出面阻攔道：「你怎能把爐子放在通道上，孩子總是要玩的，他們不懂，你做大人的不懂？」她關愛孩子，關注別人不注意的細節。

那時，農村人家忘記自己孩子的生日是常有的事，但問到母親，她會說你家老三是某個節日的後三天出生的，或者比某某孩子早七天。這種聯想記憶法，她總是運用自如。

但這樣無私的付出，是辛苦的。父親在城裡上班，農活、家務就全落在母親一人身上。那時，生產隊[34]每天都要上工，大家做完工作，就要伺候自留地[35]。忙完自留地，回家只有冷灶清鍋，煮飯、吃飯後就刷鍋洗碗，然後還得洗一堆髒衣服。

我們的每一天都是在睡意中，聽她簸米的沙沙聲和踏著木樓板與木樓梯的咯吱咯喳聲開始的，直到晚上她在燈下晾完衣服、做完針線，周而復始。在我的印象中，母親始終在做事，不急不緩，臉上總是帶著輕鬆和藹的笑容。這使得我們從沒想到去體會母親的勞累。

雖說父親有在上班，但薪水很低，扣除生活費、每週來回的交通費，所剩無幾，所以家用基本還是靠母親的操持。養豬是我們家的經濟來源。母親將東邊柴房當作豬舍，那裡沒有窗戶，光線昏暗，活動空間也小。豬基本上是吃飽睡、睡飽吃，所以長得比別人家的快。

記得每天晚上，我和哥哥舉著煤油燈在前面走，母親拎著豬食桶在後面，還沒到豬圈門口，豬就哼哼的跑到食槽，搖著尾巴，眼巴巴的望著我們。在豬埋頭進食的時候，母親張開手指測量豬的脊背，估算它們的生長速度和出欄時間。

豬圈裡始終保持著兩隻豬，每隻生長期半年左右，這樣每隔三、四個月就能出欄一隻。別人說：「這豬還可以再養久一點，賣更多的錢。」母親說：「後面它長

34 中國大躍進以後，人民公社時期的農業生產作業單位；中國農村地區最基層的組織，其管轄對象為農戶。

35 由農業體經濟組織，按政策規定分配給生產隊成員長期使用的土地。

得就慢了，不如趁早換小豬。」多年之後，我上了研究所，這才知道她的做法就是邊際效益遞減法則[36]。

另外，將自留地裡種的菜拿到鎮上賣，也能換回一些零錢，順便帶回一些水果零食給我們解饞。母親常說：「吃不窮，穿不窮，算計不好一世窮。」所以在普遍為窮所困的年代，除了不能保證常常大魚大肉外，我從來沒有覺得窮過。

比操持更出名的，要數母親的處事。母親的為人在全村、乃至附近村裡都有名聲。早年父親在外，家裡只有爺爺、叔叔和我母親三人。叔叔在三十公里外上高中，每天早出晚歸，書讀得很苦，但成績很好，被清華大學錄取，創了全村高考紀錄。這本應是件好事，但爺爺礙於經濟困難，家裡勞動力就只有母親一人，也沒有收入負擔學費，因此不同意叔叔上學，要他回家務農。叔叔鬱悶，卻也不敢作聲。最後是母親偷偷從娘家借來一筆錢塞給叔叔，供其到北京求學，自己一人承擔起全部的家務和農活。

這事讓全村人豎起了大拇指，但她從沒對我們說，只是常說叔叔如何用功，他看書時，針掉到地上都聽得見，連小偷都不敢進門，因為搞不清家裡是不是有人。

她沒接著說：「你要向叔叔學習。」但這些話讓我對讀書產生了敬意，並為家學傳統而自豪。

在農村生活，當然也有不少狹隘自私的人和事，對於別人會暴跳如雷的事，母親卻常常一笑置之。她常說：「討便宜的身上多不了一兩肉，吃虧的也少不了一兩肉，犯不著計較。」

記得有一次，磚瓦廠派曳引機來村裡收購各戶打的草簾，母親將她打的兩捆放上去，然後就走了。後來的一個混混，看到車廂已經裝滿，不由分說便卸下兩捆，把自己的堆上去。有人跑去告訴母親，大家都以為母親會大吵大鬧。誰知母親走過去，挑了兩捆草簾就走，自己送到三、四里外的磚瓦廠。

那時，我們兄弟已正值血氣方剛的年齡，聽說這事後，憤憤不平的要去理論。母親卻笑著說：「他自己都不好意思，我回來時，遠遠看見他躲著我，我為了這麼

36 The law of diminishing marginal utility，指在一定期間內，消費者偏好不變下，邊際效用會隨著商品消費數量增加而遞減。

點事跟他吵，或者他在我面前抬不起頭，都是何苦呢？」

母親這種由衷而自然的寬厚、智慧和友善，贏得了全村人的尊敬，正當大家對她說妳兩個兒子長大了，妳可以享福了的時候，母親卻病倒了。

她為了親戚和家人，進了無數次醫院，卻從不曾為了自己看過一次病。這次也是經歷了大半年的不舒服和疼痛，才去了一次醫院，誰知一診斷，竟是肝癌末期。在生命的最後階段，母親還在擔心我們今後的生活，對她的後事要能省則省。

如今，我也到了母親離世時的年齡。生命的長度一樣了，掌握的知識、經歷的事情、讀到的哲理要比母親多得多，但每次回憶起她，我都能感悟到很多。

母親沒有跟我們講什麼人生道理，也沒有希望我們如何如何，但她的點點滴滴透露了怎麼做人，做什麼樣的人。她用生命呵護了我們的童年和少年，並為我們存儲下了豐厚的人生財富。

她是億萬農民中的一員、平凡得如同原野上的一棵小草，但她又如此偉大，讓我一生都能從她那裡獲得感悟、智慧和力量，使我能平靜而坦然的面對紛紛擾擾的人生際遇和大千世界。

”我願用盡餘生，想念你。“

5. 願你心中有光，不畏黑暗

有一份體面的工作、一份頗高的收入就是成功？成功的定義本身就是個假議題。

——絨絨

我的媽媽是我的第一任人生導師，不論我的人生遇到什麼難題，總能從她那裡找到答案。

我媽是別人口中的苦孩子。她三歲的時候父母離異，跟著我外公一起過著朝不保夕的生活。後來因為我外公無力照顧我媽，我媽常常是今天去某個親戚家吃一頓，明天去某個鄰居家住一晚。一路長到成年，到結婚生子，像極了別人說的：「有些人，光是活著，就已經竭盡全力。」

我小的時候特別愛哭，考試考砸了哭，畫畫畫不好哭，運動會的時候賽跑不如別人也會哭。每次我哭著回家，我媽不像別的媽媽那樣，一把把孩子抱在懷裡，先是安慰一番，然後再弄些好吃、好玩的，哄一下也就好了。我媽是該做什麼就做什麼，比如她正在煮晚餐，做好了飯菜，我的哭聲也便停了。這時，她端著飯菜出來，淡淡的說一句：「去洗個手，叫你爸吃飯了。」

最開始的時候，我很不能理解，覺得她對我太過冷漠，對我的痛苦漠不關心。我暗自在心裡想過，也許她就是少了親情的呵護，才成了內心冰冷的人。但後來我發現，我的媽媽也很愛哭，比如從哪裡聽了一段可悲可泣的故事，或者看一集電視劇，她都能感動得哭上半天。

我印象最深的那一次是在我外公的葬禮上。在這之前，我外公病在床榻上八年，每天我媽幾乎都要寸步不離的伺候外公。別人都說我外公的死對於我媽來說是個解脫。

我偷偷窺探媽媽，好像真的被他們說中了。那個葬禮上，我媽周到又妥當的安排著一切，葬禮的流程儀式、來賓的寒暄問候，她都處理得謹小慎微。多年未見的親戚到了，還要拉著手，寒暄一番。

葬禮結束，人員散盡後，到處見不到我媽。幾番找尋過後，我發現我媽竟然蹲在外公生前的房間一角小聲哭泣。那聲音啜啜泣泣、淒淒厲厲，雖然微小，卻直直深入到我的心裡。

我走過去一把抱住她，陪著她一起哭。隨後，我就聽見我媽媽的哭聲慢慢加大，最後歇斯底里，好像要把房子穿透了。

後來，我媽還是會哭，總是因為各式各樣的小事。比如我們家養的貓死了，鄰居搬家，以及多年未見的朋友突然出現⋯⋯。

慢慢長大，我才逐漸理解她，她與別人最大的不同，也許就是她從來不把艱難困苦當作一回事。或者說，在她的世界裡，人生中的艱難與痛苦、徬徨與無奈本來就是不值得痛哭流涕的。

有時候，我問她：「妳的人生這麼苦，都不替自己難過嗎？」我媽卻總是不以為然，反駁我一句：「苦什麼苦？這就是生活啊！大家都是這麼過來的。」

前段時間，家庭倫理大劇《都挺好》熱播，每到播出的時候，我和我媽便要守在電視前評論一番。

故事圍繞蘇家展開，講述女主角蘇明玉和蘇氏父子，以及與已經去世的母親趙美蘭的恩怨糾葛。看過這部劇的人都知道，女主人公蘇明玉無疑是強大的、堅毅的，無論對於事業，還是對於愛情，都有她自己一套獨特的邏輯。但即便如此成功，她卻是劇中最值得同情的一個人——從小不受母親待見、父親明知她的委屈，卻坐視不理、大哥漠視她的無助、二哥欺負她的弱小，連早餐吃個雞蛋，也只有大哥和二哥的份。

最終，蘇母為大哥和二哥賣房，賣了一間又一間的房子，而蘇明玉想考自己理想中的大學，卻被母親送到了一所可以免費就讀的學校，導致蘇明玉和蘇家決裂。

有一次，我邊看邊和我媽閒聊，我說：「媽，我覺得妳和蘇明玉的境遇滿像的，只是沒有她活得成功。」

說完，我就後悔了，趕緊找了兩句好話補救。沒想到我媽心寬，也不急不躁，熟練的剝著手裡的瓜子問我：「你覺得什麼是成功？」

這倒把我問倒了。

什麼是成功？

難道，有一份體面的工作、一份頗高的收入就算是成功嗎？

我從沒這麼想過，但若問我究竟哪一種生活是我想要的，我竟一時答不上來。

想到這裡，我又想起一個老生常談的小故事。兩個朋友，一個讀了大學，留在城市裡打拚，一個高中畢業，便留在老家，早早娶妻生子。若干年後，兩個老友重聚，城市中的孑然一身，終日為房貸生計所累；老家的已是有車有房，膝下已有了兩個滿地跑的孩子。故事的結尾是，留在城裡的友人羨慕著老家朋友生活無憂，但家業有成的卻獨自慨歎生活的無助。

這不過是這個故事作者的立意罷了。

其實，這個故事的結局還可以是，兩個朋友互相感慨時移世易，互相鼓勵，各自回歸到自己的生活中。雖然在城市生活必須背負更大的壓力，但是有更寬廣的世界在等著他；而老家的生活視野雖然狹窄，但生活安逸、妻善子孝。

所以，**成功的定義本身就是個假議題**，不過是不同的人們有著不同的生活方式罷了。

不是每個人都能成為人們口中的成功人士：每日豪宅名車、衣冠楚楚、行走於高樓大廈間、揮筆一簽，便是改變人類的專案工程。大多數人的人生是平淡無奇的，就好像一棵樹、一塊磚、一粒細沙一樣，每日兢兢業業的立在那裡，便是價值所在。

日本動畫《頭文字D》中，高橋涼介有一句話深得我心：「**這世上只有一種成功，就是能夠用自己喜歡的方式度過自己的一生。**」

我媽媽，雖然她一輩子平凡普通、柴米油鹽，過著平常百姓的等閒生活，但在她的世界裡，從不羨慕別人擁有了什麼，從不畏懼自己經歷著怎樣的困苦。我的媽媽，她內心有光、生活有詩、堅毅勇敢、善良慈悲，一直是我生命中的一束光，將我的未來照亮，讓我在每一個孤獨、黑暗的夜裡，不害怕、不絕望。

我嚮往的人生也便會像她所說的，她永遠不會期待怎樣的成功，只是努力過著自己喜歡的生活，做令自己喜歡的自己。

”
成功的定義本身就是個假議題，
不要失去你的野性。
“

6. 為書找讀者，為讀者找書

人的生活和內心一樣，簡單一點，才能熱烈。

——拾肆

一九九九年，一個青年追隨老婆的腳步，來到上海討生活。這個青年叫張強。在此之前，他先後從事過職工、電工、代課老師和推銷員等工作，但都沒能讓他的心安穩下來。

一天，張強在上海國年路附近閒逛，他看到一個學生提了一袋子的書，扔到了垃圾桶裡。張強湊上去瞧了瞧，發現都是好書。他腦子裡一下子蹦出一個想法：二手書有市場！

於是，他決定做二手書生意，他的做法非常直接：擺地攤。一開始，他用兩元一公斤回收了幾公斤的書，然後就在國年路的文科圖書館門口擺攤。那時候，好書很多，買書的人也多。每天早上，張強用單車馱來三大袋的書，攤還沒擺好，學生們即爭相搶購，晚上回去，經常只剩零星幾本。這一擺就是七、八年。

父親退伍時，曾帶回來兩大箱子的二手書，共一百多冊。受父親的影響，張強和哥哥姐姐從小就酷愛讀書。

七、八歲時，每年春節，孩子們都會有一元左右的壓歲錢，玩伴們總用來買零食、買玩具，但是張強卻喜歡跑到書攤上買小人書（按：指連環畫）。

小學時，讀半白話文的《三國演義》，雖無法全部看懂，但兩軍對壘、刀兵相接的情節讓他終生難忘。初中時更著了迷，讀金庸、香港小說家梁羽生、古龍的武俠小說，讀瓊瑤、姬小台、岑凱倫的言情小說。後來沒書可讀，張強就偷偷溜進校長辦公室，看書架上的《半月談》政論雜誌。

就這樣，一路走來，他與書籍結下了不解之緣。

時光行進到二〇〇三年，張強一邊擺地攤，一邊在書店打工。

當時還是中國科技圖書公司員工的張強就向老闆提議，能否在大書店裡開闢一個區域，買賣二手書。於是，老闆便讓他負責運營。

後來，二手書生意越做越好，規模不斷擴大，到了二〇〇六年，書店五百多平方公尺，全是二手書。然而隨著網路的發展和普及，書籍市場開始走下坡路，二〇〇八年，書店老闆想把店收起來，但在張強的勸說下，保留了近二十四多坪的地方。

二〇一〇年，老闆去了澳洲，二〇一五年，老闆乾脆把書店完全轉讓給張強。這個地方就是復旦舊書店。

二手書實體店的盈利不容樂觀，於是張強便在孔夫子舊書網上，開了一家名叫「復旦舊書齋」的網路書店，來貼補實體書店的費用。

張強認為：「書店多元經營要以書為主，儘管賣咖啡比賣書更賺錢，但如果賣書成為點綴，那就不是書店，只能算是擺上書的咖啡館或茶館。」

他只肯以書養書，賣書就夠了。他用自己的倔強保護著屬於讀書人的純粹，不沾染上世俗的煙火，不落得一堆瑣事的悲哀。

只賣書是他的堅守與氣節。這份堅持，一守就是二十年。

時光再行進到二〇二〇年，當年復旦大學文科圖書館旁邊的國年路上，本有幾十家書店，現在只剩下復旦舊書店了（按：復旦舊書店已於二〇二一年十二月結束營業）。

它坐落於鬧區一隅，夾在網咖、菜市場、旅館中間，如果不仔細找，根本注意不到。

它跟其他書店有點不一樣，沒有華麗的書架，沒有複雜的布置，沒有精美的吊飾，也沒有慵懶的燈光。這裡只有書，厚實的書，滿屋子的書，好像除了書，其他都是多餘的。

二十四多坪的空間，五、六萬冊舊書，書架上、地上、樓梯上，堆得比人還高。書與書之間僅留有一條限一人通過的窄道，甚至沒有休息的地方。書是隨意放的，沒有索引，不要問店長，因為他也不知道。

書店的標語是：為書找讀者，為讀者找書。這裡是屬於淘書人的世界。店長張強本人，從某種意義上講，是這個書店最大的淘書客。店裡的每一本書都帶著一個與店長相見相識的故事。

到如今，舊書的來源有很多種。第一大來源是復旦周邊一些故去的老先生的藏書，以及一些研究生、博士生不要的書和高中老師的藏書。另一大來源是附近的居民，有時，他們會把書送到書店，如果有好書，張強會主動給比較高的價格。還有一大來源是資源回收站，那裡也會找到很多好書。

找到自己喜歡的事，就要堅定去做

這些書從不同的地方匯聚到一起，有的書頁中還殘留著前一任主人的熱愛，有的遭受到了鄙書之人的丟棄，有的則背負著一代代精神文明的傳承。

它們很陳舊，有些已經泛黃，還帶著書斑，卻有它們獨特的價值，每一本都是經過時光篩選後留下來的好書。書就是這樣，你不去看它，它就躺在那裡；一旦你開始看，就會欲罷不能。這裡就是它們最好的歸宿。

在與書相識的過程中，張強也結識了一些有趣的人。

有一個讀者，他是武警班的，從張強擺地攤時就認識了。他很喜歡讀書，看見心愛的書，眼睛都在發光，常常拿起一本書愛不釋手。他不是很富有，但大部分積蓄都用來買書。回部隊的時候，書是他的第一家當。

還有個復旦大學歷史系的學生，藏書有八千冊。他每次到書店都是埋頭找書，很少說話，但一買就是二、三十冊。書店本來是晚上八點關店，有一次，他挑到八點十五分，臨走還表示抱歉。張強覺得，只要有讀者買書，營業到凌晨他也開心。

二十年的歲月匆匆即過，店長張強心裡一直有一個非常堅定、非常大的夢想：他想把復旦舊書店做成楊浦區（按：位於上海中心城區的東北部）甚至是上海市的一個文化地標。他一直將這個夢想放在心上。他說：「我想要逆風而行，到我能到的最遠的地方。」

作家止庵曾說：「書店，相對於一個城市，書，相對於一個人，都是一種解決孤獨的方式。」而我也覺得，書店是溫暖的，是一座城市的燈。其實，只要有人的地方，總有一些不一樣的燈光，從街邊小屋，從一條蜿蜒在市中心的小道，慢慢的、柔柔的散出來，點亮了這座城的靈魂。

每個認真生活的人，都在緩慢而堅定的做著自己能做的事情。以前的一切都很慢，就像張強愛上書，並為此開一家書店。

”

我要逆風而行，到達最遠的地方。

“

後記

人最好的狀態，只生歡喜不生愁

人最好的狀態是什麼？

這個問題，我想了很多年，直到今天，我依然小心翼翼且篤定的寫下這行答案——只生歡喜不生愁。之所以小心翼翼，是因為這個回答得來不易；之所以篤定，是因為我堅信能活成這句話的人，一定是活明白了的人。

願我們以後的人生，真的是內心有歡喜，過往有經歷。不是沒有經歷過痛苦、悲傷，而是走過那些坎坷的路，見過那些自私且冷漠的人之後，我們仍能將所有的快樂放在心底，而那些痛苦和悲傷，則化為我們前進的動力和養分。

Think 228

過好任何一種生活

被社會和年齡雕琢後，依然沒有丟掉本來的野性。

主　　編／慈懷讀書會
責任編輯／黃凱琪
校對編輯／李芊芊
美術編輯／林彥君
副總編輯／顏惠君
總 編 輯／吳依瑋
發 行 人／徐仲秋
會計助理／李秀娟
會　　計／許鳳雪
版權經理／郝麗珍
行銷企劃／徐千晴
業務助理／李秀蕙
業務專員／馬絮盈、留婉茹
業務經理／林裕安
總 經 理／陳絜吾

國家圖書館出版品預行編目（CIP）資料

過好任何一種生活：被社會和年齡雕琢後，依然沒有丟掉本來的野性。／慈懷讀書會 主編. -- 初版. -- 臺北市：大是文化有限公司，2022.02
352 面；14.8×21 公分. --（Think；228）
ISBN 978-626-7041-34-5（平裝）

1. 女性　2. 修身　3. 生活指導

192.1　　110017545

出 版 者／大是文化有限公司
臺北市 100 衡陽路 7 號 8 樓
編輯部電話：（02）23757911
購書相關資訊請洽：（02）23757911 分機 122
24 小時讀者服務傳真：（02）23756999
讀者服務E-mail：haom@ms28.hinet.net
郵政劃撥帳號 19983366　戶名／大是文化有限公司

法律顧問／永然聯合法律事務所
香港發行／豐達出版發行有限公司 Rich Publishing & Distribut Ltd
地址：香港柴灣永泰道 70 號柴灣工業城第 2 期 1805 室
Unit 1805, Ph. 2, Chai Wan Ind City, 70 Wing Tai Rd, Chai Wan, Hong Kong
電話：21726513　傳真：21724355
E-mail：cary@subseasy.com.hk

封面設計／FE 設計
內頁排版／顏麟驊
印　　刷／鴻霖印刷傳媒股份有限公司

出版日期／2022 年 2 月初版
定　　價／新臺幣 380 元（缺頁或裝訂錯誤的書，請寄回更換）
I S B N／978-626-7041-34-5
電子書ISBN／9786267041598（PDF）
9786267041628（EPUB）